LAS NIÑAS BIEN

LAS NIÑAS BIEN

GUADALUPE LOAEZA

LAS NIÑAS BIEN

Eugenio Sue 55
Colonia Polanco
Delegación Miguel Hidalgo
11560, México, D.F.
Telex: 1760039 EOSAME

ISBN 968-493-128-X

SEXTA EDICIÓN

IMPRESO EN MEXICO

Para Diego, Federico y Lolita

(LAS) NIÑAS BIEN

"Tu-eres niña bien, verdad?, me preguntaron el otro día. Me quedé *de a seis*. No supe qué responder. ¿En qué consiste ser *niña bien*? Las hay de varias categorías, a saber:

Niña bien, bien: Viven en Las Lomas, o en San Angel. Casi no se maquillan. Siempre visten *sport* con un estilo muy clásico. Tienen amistades internacionales. Su mayor preocupación es tener *clase*. Desprecian a los nuevos ricos y a los políticos. Tienen escritura *picudita*, como la que enseñan en el colegio de monjas. En sus cenas íntimas, usan joyas de familia. Se sienten por encima de la crisis. Su *shopping* lo hacen en París como lo hacían su abuela, su mamá y sus tías. Los fines de semana se van a sus haciendas. Dejan caer con cierta naturalidad algunos vocablos en francés: *nouveau riche, tres comme il faut*; cuando viajan a Nueva York, van exclusivamente a restaurantes franceses. Se hospedan en hoteles con muy pocos cuartos. No se mezclan con cualquier gente. Juegan bridge en su grupo. Y son parientes de "todo México". A sus sirvientas las tratan como si fueran de la familia.

Niña bien, fresa: Las que trabajan, lo hacen en relaciones públicas o como edecanes, y las que estudian, se sienten atraídas por historia del arte, o por la carrera "M.M.C." (mientras me caso). Siempre están a la última moda, pero no tienen gusto refinado. Les gusta abrazar mucho a sus novios, pero obviamente, no se permiten ir más lejos. . . Van a todas las discotecas (Quetzal, Magic, etcétera). Ya dejaron de usar frenos, pero ojo, no son desenfrenadas. Las casadas, están muy conscientes del triunfo de su marido, que por lo general es ejecutivo de cuenta. En las vacaciones largas, se van a La Jolla y los fines de semana, a Valle de Bravo. Por las noches miran cablevisión con sus hijos, para que practiquen su inglés. A las 10:00 p.m., cambian el canal a *24 horas*, para ver qué ha pasado con Díaz Serrano, "que cosas, se veía tan buena gente, el pobre". Casi todas vienen del colegio Vallarta o del Regina.

Niña bien, liberada: A ella no le gusta que le digan que es niña bien. Ya no es virgen y por las noches, antes de dormir, a veces tiene remordimientos. Por lo tanto actúa en sociedad y dentro de su casa como si fuera virgen. Suelta, de vez en cuando una palabrota, pero siente que no le queda, que no le sale natural. Discute con los muchachos, de política. Habla mucho de sexo y de mota como si fuera una cosa muy normal. Lee los periódicos, pero confiesa que no entiende a Carlos Monsiváis. Coquetea con los nacos. Es amiguita de su muchacha y le regala maquillajes. Usa huipiles sobre pantalones Calvin Klein. Las que trabajan, lo hacen en una agencia de viajes, para viajar solas y conocer otras cosas. . . Las casadas le "pintan el cuerno" al marido, pero eso sí con muchos remordimientos.

Niña bien, en decadencia: Por lo general, son de familias tradicionales, de provincia, venidas a menos. Visten con falda gris y mocasines de León, Gto. Llevan con orgullo su anillo de graduación. Nunca faltan a la comida de ex alumnas. Y naturalmente sus hijas van al mismo colegio donde ellas estudiaron. Sus casas también parecen en decadencia, pero se siente el toque tradicional. Usan muy bien los cubiertos. Acaban casándose con muchacho de trabajo, *midle class.*

Niña bien, universitaria: Estudian en universidades de paga. Asisten a clases en "jeans" "Jordache" con chamarra de piel. Les encanta la literatura latinoamericana contemporánea. A veces confunden a Freud con Fromm. A todo el mundo le hablan de "tú". Van en grupos a cines de arte. Se enfrentan constantemente con su mamá, quien obviamente, nunca fue a la Universidad "y hay muchas cosas que no entiende". Después de clases se juntan con los maestros, a quienes les hablan también de tú, a tomar un café para discutir la crisis. Se consideran feministas porque leen a Anais Nin. Algunas hasta se afilian al PSUM.

Niña bien, pobretona: No sabe ni nadar, ni esquiar, pero tiene tipo de gente decente. No va de vacaciones donde van sus amigas, "niñas bien, ricas". Se manda arreglar la ropa que le regalan las primas, que sí viajan. Las casadas, en su casa nada más tienen una sirvienta. No gasta en el salón. Teje ella misma los suéteres de sus hijos, eso sí, de muy buen gusto. Hace compras en El Palacio de Hierro. Usa ropa de entre tiempo. En lugar de abrigo, tiene gabardina. Maneja un Renault 5. No tiene jardín, sino patio. El domingo, come en casa de sus suegros, en la colonia Roma.

Niña bien, sonsa: Se hace todo en el salón (pedicure, manicure, depilación, rayos, etcétera) pero ella lleva su enjuague y su champú americano. Obviamente fuma, pero no sabe dar el golpe. Se viste con todo gringo. Vienen a darle masaje a domicilio. Cree que Walt Disney es muy buen escritor porque escribió, *Alicia en el País de las Maravillas* y *Cenicienta.* Sí es virgen y si no, no se ha percatado de lo contrario. Su máximo sería irse a vivir a California. Estudió nada más secundaria y un año en Estados Unidos. Su peor desgracia es no tener plan el sábado. No puede salir de las Lomas, Polanco o Anzures, porque se pierde. Cree que México es rico porque en un dólar hay $ 150.00. Con sus amigas discute quién de ellas se viste verdaderamente bien y quién es la más guapa. Para todo dicen: "te lo juro, ay qué linda, me fue súper, le mando un besote", dice al despedirse por teléfono. Cuando habla de sus padres dice "mi mami y mi papi son lindos". De la situación del país opina: "Ay esta crisis ya me está chocando, me cae gorda, que ya se acabe ¿no?". Cuando se casan, lo hacen con un sonso.

Niña bien, intelectual: Trabaja en una dependencia cultural de gobierno. No se pierde ninguna exposición, conferencia o semana del cine internacional. Le mandan invitación para galerías o eventos culturales. Tiene muy buenos amigos en Bellas Artes y en Relaciones Exteriores. Está suscrita a la revista *Vuelta* y recibe a su nombre el *National Geographic Magazine*. Estudia letras o antropología o historia. Lee con atención la sección cultural de los periódicos. Cuando va en su coche Renault 18, escucha *Radio UNAM*. Lo que más le gusta es ir al Bar León con sus amigos y hablar de literatura y de los problemas sociales de México.

Niña bien, hija de político: Soy muy altaneras, hablan muy fuerte y lo vulgar se les hace chistoso. Gastan mucho y no pagan sus cuentas. Creen que el poder del dinero es lo más importante en la vida. En las fiestas acaban coqueteándole a los mariachis. A sus guaruras y a sus sirvientes, los tratan muy despotamente haciéndoles sentir menos.

unomásuno, 5 de julio de 1983

NIÑAS BIEN, II

Niña bien, mocha: Son muy recatadas en su forma de vestir. Cuando se pone un poco feo el tiempo, usan su eterna falda escocesa. No les gustan los pantalones. Tienen traje de baño de una sola pieza. Las solteras son vírgenes, "bendito sea Dios". Los maridos de las casadas son alumnos del IPADE. Tienen todos los hijos que Dios les mande. Las veinticuatro horas del día sienten que tienen que ser bien educadas. Utilizan mucho el "usted". Ayudan a sus muchachas cuando están embarazadas, claro, a tener el bebé, del cual después, encantadas son las madrinas. Admiran a Burgoa. Cuando regañan a sus hijos lo hacen de una forma muy profunda: "mira mi hijito los pobres son iguales que tu". Son sus amigas y siempre les hablan con la verdad. Forman parte, con sus maridos, de las juntas de padres de familia y son expertas en problemas de adolescentes. Le piden a la Virgen de Guadalupe por la salvación del país.

Niña bien, concientizada: Debido a sus grandes deseos de superación van con el siquiatra dos veces por semana. Como sus vecinos tienen de ellas mismas un "gran" concepto y saben mucho de política, las eligen como jefas de manzana en las Lomas. Son muy buenas amas de casa y deportistas. Por las noches, piensan que quieren ayudar al pueblo y no saben cómo, porque no tienen su misma educación. Con mucha responsabilidad, ayudan a abortar a sus muchachas. Les gusta hablar con los maestros de sus hijos. Les hablan mucho por teléfono sus amigas y al colgar dicen "mil, mil gracias por llamarme". En lugar de diez viajes por año a Estados Unidos, hacen cinco porque entienden la crisis.

Niña bien, desubicada: Todo absolutamente todo le da pena. Para todo dice "muchas gracias, ay qué pena, vas a pensar que estoy loca, no vayas a creer que, etcétera, etcétera". Anda por el mundo con un profundo complejo de culpa. A menudo se siente triste con un gran nudo en la garganta y muy sola, pero sin embargo asegura que se la pasa *regio* y se ríe mucho en las fiestas. En el fondo, le gustaría dejar de ser "niña bien", pero le da miedo. ¿Qué sería de ella si dejara de pertenecer a esta categoría? Desprecia a las "niñas bien" porque dice que siempre hablan de lo mismo, pero no puede vivir sin "su grupo". Nunca andaría con un "naco", pero se divierte con ellos. "Mis amigos están vacíos", asegura. Sin embargo, aprecian su educación y su forma de vestir. Su mamá la muele todo el día, porque todavía no se casa: "lo que pasa es que te has choteado mucho en el grupo, los muchachos te quieren como amiga pero nada de matrimonio", le dice cada vez que la ve encerrada en su cuarto. Odia a sus amigas casadas, porque le recuerdan a su mamá. Todo esto se le olvida si tiene plan para la noche. Al cabo de algunos años, las casadas, comienzan a cuestionarse sobre su vida de "niñas bien" y acaban con una terrible gastritis.

Niña bien, quiero pero no puedo: Se maquilla mucho. Usa muchas cadenas, también tiene relojes muy caros, como *Piaget*. Se pinta el pelo de rubio. Cuando va a Bellas Artes se arregla más de la cuenta. Su máximo, es ir a cenar al San Angel Inn y pedir de aperitivo, "medias de seda", que toma a sorbitos. A sus hijos los manda a los mejores colegios, "para que se relacionen". Lo que más le gusta es parecer "niña bien". No obstante sabe, en el fondo, que las verdaderas "niñas bien" la rechazan.

¿A cuál de estas categorías perteneceré yo, que ya no soy ni tan "niña", ni tan "bien"? ¿Y usted, lectora, a cuál? ¿Y a cuál pertenecerá la que me lo preguntó?

unomásuno, 12 de julio de 1983

NIÑAS BIEN, REVISITADAS

Hace más de un año, publiqué un texto llamado *Niñas bien*, que para mi sorpresa provocó todo tipo de reacciones. Dos semanas después de su publicación, me llamaron del PRI capitalino para invitarme a participar en una plática sobre la presencia de ese partido entre las señoras de clase media y alta. Fui también invitada a dar una conferencia en el Instituto Tecnológico Autónomo de México bajo el título de "La gente bien ante la crisis". Y ahora, tan sólo hace tres semanas, estudiantes de la Ibero hicieron un audiovisual sobre el mismo tema, presentado en la tercera semana de la comunicación. Todas estas manifestaciones y algunas más, me han sugerido que tal vez sea conveniente proponer nuevas categorías y actualizar algunas de las anteriores.

Niña bien, panista: La que es muy militante y se toma mucho en serio. Asiste a todas las juntas de su distrito, y su meta es "el bien común". Por las noches, antes de acostarse, le gusta leer a Aristóteles y a Gómez Morín. Cuando va al salón de belleza (dos veces por semana) siempre platica con su peinadora y con Paty la manicurista sobre los principios del PAN: "El Estado debe ser administrador pero no poseer bienes", dice mientras Paty le pone cuidadosamente el barniz de las uñas. A los del PRI los ve muy corrientes. A ella nada más le gusta frecuentar a la "gente bien" de México, gente de buenos principios y, obviamente, gente con buenos modales. Está completamente contra el aborto. Se viste tipo clásico y siempre tiene puesta —además de su collar de perlas, que era de su mami— una medalla de la Virgen de Guadalupe en troquel antiguo. Maneja una camioneta y tiene muchos hijos. La que todavía no entiende bien a bien lo que es el PAN, cree que debe votar por este partido porque últimamente está de moda.

Niña bien, priísta: Es aquella que automáticamente dejó de serlo desde que ingresó al partido. Sin embargo, algunas veces le gusta encontrarse con sus viejas amigas "niñas bien", que de plano prefieren evitarla porque "ya se volvió la típica política populista y demagoga".

Niña bien, ex banquera: Aunque quiere parecer de lo más superada, sigue fu-ri-bun-da. Desde la nacionalización de la banca se ha vuelto "niña bien, mala" porque ya no cree en nadie ni en nada. Ahora ve la vida completamente diferente, ha adquirido mucha filosofía y para todo dice: "En la vida nada es seguro, todo es relativo, ahora sí que por nadie metería mi mano en el fuego". Cuando pasa frente a un banco les dice a sus hijos: "Mira ese banco, era de tu abuelito, lo hizo con el sudor de su frente, pero el gobierno corrupto se lo quitó". En las fiestas, "siente horrible" cuando le hablan del tema; por eso procura cambiar de conversación o si no, dice: "*No comments*, pero les va a pasar lo mismo que con Pemex, los Ferrocarriles y los ingenios". Sigue viajando mucho al extranjero, sobre todo para hacer sus depósitos en bancos "seguros".

Niña bien, nacionalista: Desde que empezó la crisis ha sentido profundos deseos de "tomar conciencia" de lo que está sucediendo. Cada vez se interesa más por la política. Dice: "Si nosotros mismos no creemos en nuestro país, nuestro país no puede creer en nosotros mismos". Durante las vacaciones prefiere viajar por el interior de la República: "Te juro, que no conocía Oaxaca. Me fascinó, es tan mexicano". Le ha dado por odiar a Reagan y por interesarse en los problemas de Centroamérica. Los domingos organiza a todo un grupo de los más *nice* para visitar la parte vieja del centro de la ciudad. El Centro Histórico lo encuentra con mucha magia. Los fines de semana largos visita, siempre en grupo porque es más divertido, los conventos del siglo XVI por diferentes estados. Ahora todos sus regalos los compra en Fonart. Ya no le gustan los tapetes persas sino los de Temoaya. Todavía no puede terminar de leer el libro de Sor Juana, de Octavio Paz, porque dice que hay que leerlo despacito, para que no se le escape nada. Ultimamente le encanta la comida mexicana. Con sus amigos va al Café de Tacuba (no al de Polanco, sino al del centro), a la Flor de Lis, a la Fonda Santa Anita y a Las Delicias. Cuando organiza cenas "de lo más relax" en su casa, pone discos de Agustín Lara y de Los Panchos. Adora a México porque dice que es muy aguantador y que en otro país latinoamericano ya hubiera habido una superrevolución.

La Jornada, 15 de noviembre de 1984

NIÑOS-BIEN

Me causó una gran sorpresa conocer el interés que despertó mi reciente "estudio sociológico" sobre las niñas bien. Ahora me parece justo ocuparme un poco de los "niños-bien".

Niños bien nuevos ricos: Van a la oficina media hora, exclusivamente a firmar cheques. Después se van corriendo al club, a jugar golf o bien a montar al Hípico. Por lo tanto, tienen tiempo de cortejar a cinco niñas a la vez. Viven en las Lomas y en el Pedregal. Van a cenar con su *chava* al Cicero o al Fouquets. Obviamente, no están afectados por la crisis. Manejan a gran velocidad Mustang "bajado" con llantas gordas, pasándose todos los altos y escuchando música disco en su glorioso autoestéreo. Esto no les preocupa, porque tienen *charola* y además siempre dan "mordida". Compran la cartilla a los 16 años. Se la viven en *Aca* en el hotel Villa Vera con sus "cuates". Los sábados por la noche van al Magic. Los domingos se levantan muy tarde y se van al Ajusco a andar en su moto Kawazaqui 1100. Usan Rolex King Midas. Cuando van a la peluquería piden que los peinen con pistola y se hace manicure. Tienen chequera con la misma cuenta del papi.

Niños bien popis: Se visten con camisa "Polo" color de rosa, *blue jeans*; y llevan cinturón Ortega de piel y plata. Siempre hablan de negocios que les van a dejar miles y miles de pesos. Se van dos veces al mes a *Aca*, a casa de sus papis, en Las Brisas. Tienen novias fresas" pero junto con sus cuates rentan un leonero ya sea en la Nápoles o en la Narvarte, a donde llevan a las *golfeux*. Están traumados porque sus papás están pensando vender el condominio de Coronado, porque la American Express ya no es válida en Estados Unidos y porque ya no pueden viajar con la misma frecuencia. Estudian en la Ibero o en la Anáhuac, ya sea la carrera de leyes o de administración. Van a cenar en grupo a "Carlos and Charlies" de Tecamachalco. En las noches se van al Magic o al Quetzal, donde se dan sus "pericazos" (inhalan coca). La consiguen por conducto de los *juniors*. Ya no les gusta la mariguana. Juegan mucho backgamon y dicen: "la crisis está gruesa y muy picuda". Cuando hablan por teléfono dicen ¿qué onda brother?

Niños bien snob: Hicieron su maestría en Estados Unidos. Trabajan en bufete de abogados. Usan reloj Cartier con números romanos y con correa de piel de cocodrilo. Se visten con corbata de regimiento, pantalón gris de franela, suéter de cashmire, calcetines de rombos estilo escocés y mocasines. No le ponen cuernos a la novia. Siempre van con dos parejas a misa, al cine, y luego a cenar al Círculo del Sureste. Su bachillerato lo estudiaron en el Patria y en el Cedros. Son tranquilos, con ellos "no hay bronca". Son muy educados y discretos, hasta medio simples. Cuentan chistes en inglés. Una vez por semana, al mediodía, se reúnen entre ellos a jugar golf y dicen pestes del gobierno. Se enteran de la crisis gracias al *Time* y a *The Economist*. Tienen cultura general, sin embargo dicen: México es un país "subrrealista" (sic).

Niños bien hijos de políticos: Concurren a todas las discotecas, a donde llegan con grandes coches con antena, llenos de *guaruras*. Los estacionan frente a la puerta. Siempre salen con modelos tipo "La rubia de categoría". Llaman al mesero a gritos, por su nombre y hablándole de "tú"; le piden que traiga varias botellas de champaña Moet Chandon (12 mil por botella). Invitan a otros niños bien a sentarse a su mesa. Sin embargo, sus mejores amigos son los *guaruras*. Están convencidos que sus papás son honestos. Acaparan todos los boletos del Festival Cervantino, pero no asisten a ningún espectáculo. Tienen un leonero en el Pedregal con un Betamax donde ven todo tipo de películas.

Niños bien cretinos: Se casan con niñas bien muy muy ricas. Viven de las rentas de la esposa. Los domingos van a comer a casa de los suegros, y al suegro le dicen "sí" a todo. Usan camisas de seda color crema con sus iniciales bordadas, *blue jeans*, zapatos Gucci, y el eterno cinturón de Ortega, pero de oro. Cuando hablan de la crisis se basan exclusivamente en rumores deformados y en malos chistes. Dicen que se quieren ir a vivir a Chihuahua porque ganó el PAN y está a un paso de Estados Unidos. Algunos eran amigos de los pasados funcionarios, pero ahora lo niegan. Los domingos, cuando pasan con su Gran Marquis frente al Bosque de Chapultepec, sienten deseos de poner una bomba para "blanquear" la ciudad.

Niños bien rojillos: Por lo general viven en Coyoacán. Están muy de acuerdo con la nacionalización de la banca porque no les afectaba. Son amigos de investigadores de El Colegio de México y de maestros de la Facultad de Filosofía y Letras. Los fines de semana van a Tepoztlán, y escuchan en regios aparatos estereofónicos música clásica y jazz. Hablan mucho de política, están bien informados. Son amigos de todos nuestros actuales embajadores. Gustan de tomar muy buenos vinos, con muy buenos quesos. Por las noches, les gusta ir a Los Geranios en pantalones de mezclilla y suéter de cashmire. Para todo dicen: "mira maestro. . . " Van con el sicoanalista desde hace muchos años, para romper con estructuras convencionales. Están peleados a muerte con su papá por problemas ideológicos.

Niños bien políticos: Estudiaron en Harvard o en Oxford. Siempre están implecablemente vestidos. Son muy disciplinados con su dieta diaria. Por lo general dan citas a sus amigos de generación en El Café del hotel Presidente Chapultepec. Comen con políticos en Le Champs Elysées. Tienen agenda Hermes. Usan pluma fuente. Se sientan adelante con el chofer y leen con anteojos, el *Wall Street Journal* y *El Financiero*. Por las mañanas salen a correr con su *walkman*. Tienen una biblioteca espléndida de 5 mil libros todos empastados en piel. Los fines de semana usan saco de gamuza, jamás de piel. Gustan tomar exclusivamente vino blanco bien frío.

Sus secretarios particulares también son niños bien. Cuando viajaban a París, se hospedaban en el Plaza Athenée donde todo el mundo los conoce por su nombre (lo extrañan); tienen a sus hijos estudiando en el extranjero.

unomásuno, 13 de agosto de 1983

¡AY, POR FAVOR, YA NO HABLEN DE POLITICA!

Nos encontramos en el interior de una mansión barraganesca en una zona residencial de la capital. Vemos salir a los invitados del comedor y dirigirse hacia uno de los salones en donde son esperados por dos mozos, a los lados de una mesa camilla cubierta de fotografías, y sosteniendo en las manos una gran charola de plata. "¿Qué le servimos al señor: un cognac, un licor de frambuesa, un Grand Manier, licor de pera, Kahlúa, o un anisito?". El segundo mozo se pasea por entre los invitados ofreciendo café o té en un espléndido juego de plata. Las señoras se sienten "chulas de bonitas" con sus vestidos muy *in fashion*, no obstante sean de una temporada pasada. Sus maridos, con tipo de gente de toda la vida, parecen satisfechos al encontrarse entre *beautiful people*. Unos de pie y otros sentados en cómodos sofás comentan un poco de todo: "No, mira, como está la situación, o te aclimatas, o te aclimueres: oye, pero qué ricas estaban las crepas de huitlacoche, ¿son *home made* o se las pediste a Mayita?; desde el final del sexenio de Echeverría veía venir el comunismo; ay chula, admite que somos muy malos mexicanos; ay, ¿qué te pasa?, si yo adoro a los mariachis; mira, el otro día fui a una cena muy *comme il faut* y me dijeron que iba a haber otra moneda llamada "azteca"; magníficos puros, ¿son de importación, verdad?; yo afortunadamente consigo dólares a bastante buen precio con mis amigos del cuerpo diplomático; ¿cuánto vas a que Tello sale disparado?; ¡ay, por favor, ya no hablen de política; fíjate que en el Pedregal ha habido muchos asaltos. . . por eso, junto con otros vecinos, contratamos un velador las 24 horas del día, por si las *flies*; mira, maestro, yo siento que el Nobel de Literatura debió de haber sido para Paz, García Márquez es un rojillo de primera; ¿ya sabes el último chiste?; la cena te quedó de-lei-tan-te; aquí entre nos, es una chinga espantosa ya no poder viajar más; ahora sí, nos vamos a tener que vestir de chiapanecas; es que en la vida hay que ser positivos; no le digas a nadie, pero tengo un contacto "super" que toma los dólares a 105, más mi comisión; Oteyza fue el culpable de todo, ojalá y lo manden de embajador a Afganistán; no, mira, lo que le pasó a José Andrés es que el poder lo cegó, yo lo conocí muy bien en Cambridge y no sabes, era otra cosa, eso sí, siempre de ideas socialistoides; ¡ay, por favor, ya no hablen de política; ¿ya sabes el último chiste de la Anáhuac? ¿"Oye, tu papá está en la lista de los sacadólares? —No.—Ay que naco"...; te voy a decir quiénes se quedan con De la Madrid: Solana, por educado, Chucho, por aguantador, Ojeda, por institucional, y Beteta, por haber sido jefe de De la Madrid; las cosas se están poniendo gruesísimas; a veces siento como si se me cayera todo el sistema, ando manejando unas depresiones, para diciembre, tengo que despedir 200 obreros; nada más imagínate el ambiente en el Palacio de St. Petersburgo en 1917; cállate, estoy ahora sí en el ácido, de pensar que todavía no firma el FMI; pero ¿qué me dices?, si los bancos están en bancarrota; ¿cómo sigue la construcción de tu casa en Cuernavaca?; mira, tú relax, en la vida hay que ser positivos; sí, Mexiquito es un país ma-ra-vi-llo-so; ¿te has fijado que es la gente pelada la que aprueba lo de la nacionalización?; mi marido está super *depressed* porque dice que no le ve esperanzas al mundo; ¡ay, por favor, ya no hablen de política; no es de aquí tu vestido, ¿verdad?, está di-vino; ¿sabes ahora cómo se llama el Club de Banqueros?, la Fonda del Recuerdo; como le digo a mi marido, yo no seré muy mexicana, pero sí muy patriota; ¿ya sabes que le hicieron un monumento montado en un caballo?; *I cannot be-leive it*; ¿ya sabes que se van de México?; ay, pues se me hace horrible que huyan así; a ver, ¿dónde está Paniagua?; estoy tristísima, porque ya no va a venir el Concorde a México; ¿ya sabes quién va a comprar la casa de Longoria en Bosques...?; ¿no es cierto que era de Durazo?; mi mamá es muy amiga de Jeannette y se lo contó; durante el "puente" fuimos a Cancún y *¡God!* ¿qué vimos?, puros "cacamas" en las playas, todos de poliester, delcrón y con zapatos de plástico; creeme, que el panorama es todo un *down*; oye, tú, ¿qué no compró "las casas" la Fundación Domecq?; está divina tu casa; ¿sigues corriendo en las mañanas?; nada más faltan 26 días; que te parece todos los indios guatemaltecos que están pasando la frontera; olvídate, no les ha funcionado el control de cambios; ¡ay, por favor, ya no hablen de política!; ¿sabes quiénes están quebrando?, los de Bayer; es que en la vida hay que ser positivos; ¿comprendes?; ¿sabías que existen tres ratas por habitante en el Distrito Federal?; un tío mío es abogado de los banqueros, y dice que nunca les van a pagar; vas a ver cómo les va a ir a los españoles con su González; ¡ay, por favor, ya no hablen de política!; la corrupción es nuestro cáncer y el cáncer, no se cura; pero, es que hay que ser positivos en la vida; ¿me entiendes?, faltan 26 días; México es un país rico, no va a desaparecer; ¡ay, por favor, ya no hablen de política!; ¿es cierto que tienen palacios en Sevilla?, que buen cognac; todas las materias primas se están acabando; pero es que teníamos todo para salir adelante; yo creía en él, y me engañó; ¿me sirves otra copita?; a mí se me hace que nos va a llevar la chingada; no entiendo, tenía todo para hacerla, pon otro disco de Agustín Lara, ¿no?; pero, ¿por qué diablos no devaluó antes?; ¿por qué se rodeó de corruptos; ¡ay, por favor, ya no hablen de política!; ¿por qué Hank y Durazo?; ya estamos cansados de la demagogia, ya ni las mayorías le creen; qué carajos, adónde, nos va a llevar esta situación; hay que ser positivos en la vida; ya callate tú con tu: "hay que ser positivos"; ya no bebas, vámonos: sólo faltan 26 días; ¿qué vamos a hacer con todos esos desocupados?; ya no me estés fregando, si te quieres ir, tú vete sola; ¿me sirves otro cognacquito?; ¿por qué nunca dijo que ya no había dólares? ¡ay, por favor, ya no hablen de política! ¿Sí? por favorcito.

unomásuno, 6 de noviembre de 1982

OCHO Y MEDIO

Bueno ¿hablo al canal de la alegría? Buenas noches, señorita, mire soy la señora Alvarez del Palacio. Llamo para felicitar al canal 8 por su cultísima programación. Hasta que por fin se hace algo para la cultura en este país. He estado siguiendo muy de cerca todos sus programas. ¿Sabe? De un tiempo para acá, prácticamente no salgo de casa. Usted sabe: la inseguridad, el tráfico, el smog, en fin no hay nada como su hogar ¿verdad, chatita? Mire, entonces, estoy encantada con el canal de la cultura. Desde que lo veo, de verdad, siento que pienso más a fondo. Escucharlo es como hacer gimnasia intelectual, como le decía a mi marido el otro día. Además, me he fijado que algunos programas me han rejuvenecido, como ese de: "Tú a alguien le importas" que me hace recordar los conflictos adolescentes que tenía con mis padres. ¡Cómo han cambiado las cosas, señorita! Dígale por favor a doña Emita Godoy que admiro mucho sus conceptos. Ella sí que es cultivadísima, su intervención me parece sumamente valiosa para la juventud de ahora. Sobre todo, en estos tiempos, donde ya no hay valores, señorita, ya no hay. De veras, qué chulos programas tienen. Los chicos conductores y comentaristas me parecen monísimos. Enseguida se siente que son muchachos universitarios, cultísimos, con mucha facilidad de palabra, ¿verdad? Seguramente recibieron un curso en la CBS. ¡Y qué alegres! Con ellos hasta la crisis del país me parece alegre. Oiga usted, y el programa de los Valses de Strauss que pasaron el otro día ¡Qué chulada! Inclusive lo gravé en mi Betamax para pasárselo a mis nietos. Por las tardes no me pierdo "Tu mundo". Gracias a este programa, me enteré que la gente culta debe de vestir rayas y puntos. Los consejos de cómo maquillarse, me parecieron cultísimos. Al día siguiente mandé al chofer a Liverpool con una lista de cosméticos que me faltaban; porque me dije que entre más maquillada: más culta y alegre ¿no? Ay, oiga chatita, felicíteme por favor al señor Félix Cortés Camarillo. ¡Qué muchacho tan culto! Ya lo había visto en el programa "Increíble", desde entonces me parecía increíblemente talentoso. Y bueno, que puedo decir de nuestro Jacobo, es el alma de Televisa, el amo de los medios de comunicación. ¡Sí señor, qué profesionalismo! Jacobo, está a la altura de cualquier comentarista internacional. Es tan sabio, tan distinguido, tan discreto, tan fino, tan elegante, tan objetivo, sobre todo, tan objetivo, tan intelectual, tan catedrático. Un verdadero pozo de sabiduría. Su programa "Contrapunto" para mí es "lo máximo" como dicen los muchachos de ahora. Oiga usted, yo no sabía que Marx el filósofo había sido tan alegre y tan culto. Dígale a Jacobo que porqué no invita a Raúl Velasco y a Lolita Ayala a su programa. Me gustaría conocer su forma ideológicamente hablando de pensar (sic) ¡Qué idea tan cultísima de unir a la UNAM y a Televisa en esta sociedad tan alegre! Si la UNAM, de verdad es como el 8, mañana corro y me inscribo. Palabra que le digo a mis nietos que dejen la Ibero y la Anáhuac. Nunca me imaginé que la UNAM fuera tan culta y tan alegre. A mí me habían dicho que dizque era una cueva de comunistas ¿Qué le parece? Fíjese que a mis muchachas les tengo prohibido ver otro canal que no sea el 8. Con que vean la telenovela "La Tormenta" me conformo. A ver si se les pega algo ¿no cree? Ah, pero eso sí, si de casualidad las cacho viendo el 13, les quito la televisión ¿Sabe qué lo que sería ma-ra-vi-llo-so?, organizar un certamen de Miss Cultura. En lugar de calificar la belleza física, competirán por su belleza intelectual. ¿No podría Televisa importar un aparato para medir el I.Q. de las participantes? ¿No se le hace esta una buena idea? Claro que un requisito indispensable sería que fueran super, pero super alegres. Así como usted chatita. También sería di-vi-no transmitir por tele, clases de bridge. Para ver si aprendo algo ¡Qué suerte tienen de contar con la participación del maestro Arreola. A mí me encanta, se me hace tan erudito, tan instruido ¡Que tablas tiene en tele este señor! Gracias a él estoy leyendo *Cumbres borrascosas*, en inglés, por supuesto. En mis tiempos, no, tú ni te acuerdas, todavía ni habías nacido, salía en el dos, el programa "Un solo hombre" de Humberto G. Tamayo, otro era el de Barrios Gómez, recuerdo que se llamaba "Ensalada Popoff", filmado en directo desde el cabaret Afro. ¿Tú nunca llegaste a ver Duelo de Dibujantes? ¡Qué programas aquellos! Una pregunta, chatita ¿sería posible cambiar la telenovela "El Maleficio", que pasa en el 2 a las 9:30 al canal 8? Es la misma cosa ¿no? Digo esto para no tener que cambiar de canal, además de que también, Ernesto Alonso es ¡cultísimo! Bueno, chatita, los felicito nuevamente por esta labor tan chula que están haciendo la UNAM y Televisa. Yo diría que la programación del canal 8 se trata de una verdadera renovación cultural y moral. Ay, por favor no se te olvide felicitarme a don Octavio Rivero Serrano y desde luego, a don Emilio. Mil gracias, chatita, ¿Cuál es tu nombre? ¿Qué eres de los Mariscal de Guaymas? Ah ¿No eres nada de ellos? Bueno, chula sigan adelante. Adiosito.

unomásuno, 25 de abril de 1983

BONITO PLANTON AQUEL

—Híjole, ahora sí no entiendo, ¿en qué andamos? ¿Robó o no robó?, le dijo una a la otra, mientras esperaban en una camioneta Le Baron, color tabaco, a que se dispersara la manifestación entre Insurgentes y Reforma.

—No, de que robó, sí robó, pero lo que quiero que entiendas es que no es culpable. ¿No ves que él siguió las reglas del juego y ahora ya se las cambiaron?

—Ah, entonces es un ladrón inocente. Comprendo. Ay, mira, yo para eso de la política soy una buena burra, lo único que te puedo decir es que todos roban, aunque no sean culpables. Ay, pinche manifestación, ¿hasta cuándo desalojarán a esta bola de , vagos?, dijo la del volante, mientras se quitaba frente al retrovisor el exceso de grasa con la ayuda de un clínex.

—Desde que te operaste la nariz, te brilla muchísimo ¿verdad?

—Sí, todavía no me acaba de cicatrizar, bien y agrégale el horrible smog de esta pinche ciudad, el cual me tapa los poros. No, no es posible; esto es lo que llamo tercermundismo. Llevamos aquí cerca de dos horas, y ni para atrás ni para adelante. Estoy segura

de que en cualquier parte de Estados Unidos estas cosas jamás suceden. Ya que les tiren bombas, pero que desaparezcan. ¿No?

—Para mí que la situación se está poniendo cada día peor. Ve el descontento es general ¿Sabes cuánto pagué el otro día en la tintorería por dos blusitas de seda Ives St. Laurent, un pantalón y un traje sastre?, mil 400 pesos.

—Sí tú supieras lo que yo hago. Ay, qué coraje con estos pinches proletarios. Esto me saco por venir a estos rumbos de cuarta. Pero si no voy personalmente a quejarme de la porquería de cocina integral que me instalaron, ten por seguro que jamás me arreglarán el horno. Oye y ¿has tenido noticias de tu hijo?

—Varias veces, ¿cuánto piensas que llevo de puras llamadas por teléfono a Culver, Indiana?: 33 mil pesos. Hablé con el councelor y me dijo que Eduardito sigue llorando porque extraña mucho a Herminia, su nana.

—Ya te he dicho, que lo tienes super consentido. En cambio, ve a los míos; están felices en el Camp Pipiol. Fíjate que, es la primera vez en su vida que se quedan en México durante las vacaciones. Pobres ¿no? Lo que sí me da pánico, es que me regresen con bichos.

—Ay mira, pues por eso aunque haya tenido que pagar mil 600 dólares por el *camp* del niño, yo estoy relax y él está entre gente bien, aprendiendo inglés. Híjole, ya viste cuántas patrullas. Ahora sí, ya llegaron los granaderos. ¡Bendito sea Dios!

—Sí mira, ahora sí que se va a poner la cosa dura. *Andenles, ándenles* señores policías, dénles su merecido. Nada más con palos entiende esta gente. Dénles de macanazos, desaparézcanlos, mátenlos, como en 68, así igualito; gritaba la del volante a través de la ventana hacia la valla de granaderos que se encontraba frente a los manifestantes:

—De seguro que están pidiendo aumento. Y nosotras, mientras, claro, pague y pague impuestos. Bueno, yo me pregunto, ¿para qué diablos quiere más dinero esta gente, si siempre ha sido pobre?

—Pues sí ¿verdad? A ellos no los amolaron con los mexdólares, sus hijos van a escuelas del gobierno, a ellos no les cortaron los viajes al extranjero. No tienen gastos como uno. Ellos están impuestos a un tipo de vida *low class.*

—Qué manera de provocar tienen estos desgraciados. ¿Qué hacemos?

—Cálmate, no hay nada qué hacer, por lo pronto, pon otra cinta de Neil Diamond y sube más el aire acondicionado.

—Híjole, y luego no quieren que gane el PAN, si los del PRI, no dan pie con bola. Que les echen a los perros de la policía, esos que desfilan el 16 de septiembre, ¿ya sabes cuáles? Te lo juro que yo ya me largo de este país.

—Yo también estoy pensando muy seriamente irme a vivir a San

Diego. Si siguen así las cosas esto truena, ya verás.
—¿Qué horas son?
—Casi la una ¿Qué hacemos?
—Mira, si esto no avanza, dejamos el coche y nos vamos a comer al Champs Elysees, al fin que ya no van políticos. ¡Qué horror!, siento que me estoy asfixiando con este calor. Oye, y si le hablamos a la AMA para que con una grúa nos saque de aquí.
—*Big joke*, y ¿cómo llega la grúa hasta acá, me puedes decir?
—Sí ¿verdad? Ay oye, mira, allá arriba en el cielo, ese helicóptero, lo ves. Mira, fíjate cómo les está haciendo señas a los granaderos de abajo. ¿Ya te fijaste? "Señor, señor, aquí es la manifestación", gritaba la del volante.
—Qué padre, ya nos vinieron a salvar. Ahora sí que los van a empezar a desalojar. ¿Escuchas las sirenas de las patrullas y las ambulancias? Bien merecido se lo tienen. Hasta que por fin; ¡bendito señor Aguirre! Ahora sí ya vamos a poder ir a comer rico al Champs. Lo que más me gusta de allí, ¿sabés que es? Los riñones al vino tinto y el souffle glacé. Y ¿a ti?

unomásuno, 8 de julio de 1983

DE LO MAS RELAX

"¿Les pido más café?" Pregunta la linda anfitriona de la casa a su grupo de amigos de toda la vida. De lo más relax, en la biblioteca frente a la tele, vemos conversando a unos en el suelo vestidos deportivamente con su *jump suit*, y a los otros en *blue jeans* y playera, hojeando los periódicos del día sobre confortables sillones forrados en gamuza color caramelo: "¿Se acuerdan que justo hace un año también lo vimos juntos?" Nunca se me olvidará la borrachera que nos pusimos; acabamos todos llorando. Cómo se me va a olvidar, si este Luis Carlos casi rompe la pantalla de la tele con el cenicero, cuando lo de la nacionalización. Sssh sssh, cállense que ya va a empezar.
—Mami, mami, ¿por qué no cambias de canal? Porque todo es lo mismo, vayanse al jardín. ¿Cuánto te apuestas que nos va a decir que ya no hay crisis? Ay, siempre dicen lo mismo. Tu tele es nueva ¿verdad? Sí, es que le instalé la antena de satélites, esa que capta 54 canales americanos. ¿Adivina hasta qué horas me quedé forran-

do libros del colegio? Ssh, sssh, que está hablando de política interior. ¿Sabes qué me contaron?, que en Chihuahua los del PAN andan con las fotos de los dos últimos y le preguntan a todo el mundo: "¿quiere votar por personas así, y del mismo partido?" Te juro que si legalizan lo del aborto, dejo de creer en la renovación moral. Híjole, te imaginas a Díaz Serrano escuchando todo esto en la tele del Reclusorio Sur en compañía de sus compañeros. Ay, pobre, ¿no? ¿Qué te pasa?, ha de estar practicando tenis. ¿Leíste que *El Trampas* está en Europa? De seguro que está en Suiza.

Mira, mira, quién está allí, híjole trae una cara. Oye, ¿cómo se llama el de anteojos negros? ¿Y de veras no va a haber aplausos?, pero si eso era lo que ponía ambiente. A ver, ¿cómo sabe uno si lo que dice está bien? ¿Cuándo entran tus hijos al colegio? ¿Ya viste al de atrás? se ve cansadísimo. Sssh, sssh, cállense que no dejan escuchar. Ay sí, claro, "el destino de la nación está en juego", pues es obvio, si se la han pasado jugando con ella por años. ¡Cuánto te apuestas que lo peinó esta mañana su peluquero! Oye, pues lee muy bien. ¿No te daría pavor que de la hoja 34, sin querer, se pasara a la 41? Mira, mira, quién está allí, cada día está más calvo. Ha de ser por todo lo que piensa, ¿no crees?

—Mami, cuánto falta para que se termine. Sssh, sssh, sácame a estos niños de aquí, que se vayan al jardín. Oye, que chistoso, nunca enfocaron a Beteta cuando se habló de Pemex. ¿No se te hace raro? Es que lo del sindicato se está poniendo grueso, bien grueso. Ay, qué bueno que ya no dé cifras. ¿De qué cifras quieres que hable?, si ya no hay lana para nada. Ay, yo extraño los aplausos, por lo menos deberían de poner comerciales, para respirar un poco ¿no?

—Mami, mami, queremos ver la tele americana. ¿A poco todavía está hablando? ¿Cuándo va a terminar, mami? Sssh, niños, vayan al jardín. Oye gordo, ¿cuando hablan de economía mixta, quiere decir que es una economía para hombres y mujeres a la vez? Sssh, sssh, cállense que está hablando de Centroamérica. Mira, mira, allí está Bernardo. De todo el gabinete es el que tiene mejor tipo, ¿no creen? Todos los demás deberían imitar cómo se viste. Sinceramente, creo que exageraron con eso de Contadora.

—Mami, mami, ya cámbiale *please* mami, se está tardando un chorro, lleva horas diciendo lo mismo. Sssh, sssh, niños, lárguense de aquí que no dejan oír. Fíjate que siempre que hablan de tasas de interés, no sé por qué me acuerdo de mis tazas inglesas de porcelana, que eran di-vi-nas y que me robaron muy recién casada.

¿Cómo no nos vamos angusitar nosotras las amas de casa si ya no podemos viajar a hacer nuestro *shopping* a Estados Unidos? ¿Tú crees que dirija algunas palabras a las jefas de manzana? ¿Qué horas son? Qué barbaridad ya es tan tarde. Voy a pedirle a la muchacha que nos suba queso y vino como botanita, ¿no creen?

—Mami, mami, ¿cuándo va a terminar? ¿De veras, no se han aburrido? Niños, sálganse de aquí, o su papá los va a regañar. Sssh, sssh, cállense que están hablando de la banca. El pobre de mi marido, todavía tiene esperanzas que la desnacionalicen. Dentro de unos años, vamos a ver si no será de verdad botín político. Ya veremos. Mira, mira, quién está allí, es el de Pesca. Híjole, tiene una cara. Es que ¿te imaginas, cuántos informes se ha echado el pobre?

—Mami, mami, ya cámbiale a cablevisión, ¿cuándo va a terminar? Sssh, sssh, cállense que está hablando de la educación. ¿Cuánto crees que pagué de colegiaturas en el Vista Hermosa? A la mejor, si nacionalizan las escuelas privadas, nos sale mucho más barato. Sí pero te imaginas, llevarían puros libros de texto tipo colegio Benito Juárez. ¡Qué horror! Mira, mira, ese cómo está grillando. ¿Tú crees que realmente estén escuchando con atención? Pero para na-da. Han de estar pensando con quién van a comer en Prendes, por qué fulano los saludó pésimo, a quién se van a grillar a la salida, etcétera, etcétera.

—Mami, mami, pero por favor, ¿hasta cuándo se va a acabar? Lleva hora y horas hablando de lo mismo y lo mismo; mira, ya hasta se durmió mi tía Mónica. ¿Sí, mami?, *please*. Sssh, sssh, váyanse de aquí niños. ¿De veras no se quieren quedar a comer? Tengo unas puntas de filete de-li-cio-sas. Oye yo sí creo que nos ha abatido y desorientado la crisis, mi marido se acaba una caja de melox diario. Te fijaste que cuando dijo "no podemos bajar la guardia", el de atrás se despertó y se puso derechito, derechito. Qué curioso cuando dijo "desechemos inmoralidad e ineficiencia, consumismo", yo clarito oí "comunismo". Eso se llama *wishfull thinking*, querida.

—Mami, mami, ¿cuándo va a terminar?, por favorcito, te lo suplico, ya cámbiale ¿no? Sssh, sssh, niños, sssh.

unomásuno, 9 de septiembre de 1983

UNA TARDE CON EL SICOANALISTA

—Doctor, tengo ganas de llorar y no puedo. Me siento triste. Hoy quería quedarme en la cama y desaparecer bajo las sábanas. Fíjese, doctor, que ayer volví a cometer la estupidez de siempre. Si le dijera que traigo sentimientos de culpa, ¿me creería? Se lo juro que ya no lo vuelvo hacer. No lo pude evitar, algo en mí me traicionó; una fuerza interna me decía: "ándale, nada más hoy, hoy nada más". Doctor, no me vea así, le aseguro que es como una droga. ¿Verdad que usted, sí me entiende? ¿Sabe, que a veces sus silencios me son más insoportables que sus conclusiones? Doctor, póngase en mi lugar, o bien en el lugar de cualquier ciudadano. Lo que son las cosas, llevaba días sin hacerlo, pero ya ve, no me aguanté y caí redondita. ¿Le cuento dónde fue? En la peluquería de mis hijos, y mientras esperaba que terminaran con el corte, ¿a quién cree que me encuentro?, a Tere Fernández. Ya le he platicado de ella, que estuvo conmigo en el colegio y que trabaja en Relaciones Exteriores y que su marido está en Fonatur. ¿En qué cree que la emprendimos raudas y veloces?, sí, doctor en hablar, y hablar de qué, pues de que ha de ser doctor, pues ¡de la situación del país! No se puede imaginar todo lo que me contó. Olvídese, está super informada. Me dejó helada. ¿Qué le iba a decir? ¿Y usted, doctor, cómo ve la situación? Mala, ¿verdad?, pero bien mala. Hay mucha inconformidad en todos los niveles, todo el mundo está como loquito, ¿no se ha fijado?; unos dicen que lo de la nacionalización es muy malo que porque ya va a dejar de ser negocio, que se convertirá en botín de sindicalistas, y otros dicen que es una medida muy buena que porque el Estado va a tener más control sobre la política económica; unos dicen que los banqueros son inocentes y otros que son unos oportunistas negociantes de primera. Ahora sí que estoy confusa. ¿Se da cuenta que se espera una inflación de un ochenta por ciento?, además de la carestía que se viene. El otro día me dijeron que para enero ya no iba a haber ni pasta de dientes, ni papel de baño, que vamos a tener que utilizar servilletas Pétalo —que aquí entre nos, no son exactamente como pétalos. . . — ¿Hace mucho calor, verdad doctor? Bueno, dígame algo, coménteme. ¿Qué va a pasar con México? Esta situación está produciéndome un complejo muy extraño. Siento como si le debiera dinero a todo el mundo, y a la vez como si hubiera sacado todos los dólares del país. Me siento culpable, doctor, creo que el nombre de mi marido va a estar incluido en la famosa lista. Estoy como hipotecada, me siento como ladrona, rumoróloga, descastada, ilegal y muy devaluada. ¿Sabe qué?, mi problema ya sé, es un problema de credibilidad y de identidad; nunca me enseñaron a aceptarme, ni como mujer, ni como mexicana. El sueño dorado de mi mamá era que nos casaramos con extranjeros. No creo en nada, no encuentro respuesta en nada. ¿No habrá unas pastillitas que hagan regresar la fe? Estoy triste, doctor; me siento como piñata suspendida en el aire y tengo miedo de caerme. ¿Sabe lo que pensé el otro día? Que todos los mexicanos estábamos conjugando el verbo aguantar desde que nos despertamos: Yo aguanto, tú aguantas, él aguanta, nosotros aguantamos, y sobre todo, ellos aguantan. ¡No se ría, doctor!, ya verá que también vamos a tener que conjugarlo en futuro. De un tiempo para acá me peleo mucho con mi marido; ya se lo había dicho ¿no? Todo el día me grita, está de pésimo humor, preocupado. Tengo la sensación de que me culpa por la situación del país; dice que si no agarra hueso este próximo sexenio, nos divorciamos. . . El pobre es tan inseguro. . . Sigo con muchas pesadillas: me veo en el Parthenón de Durazo perdida en un infinito laberinto lleno de patrullas que me persiguen; o si no, me veo compareciendo ante la Cámara de Senadores, gritando: "sí, sí hacía mis compras en la Galería en Houston. . . Sí, sí vestía completamente a mis hijos en Estados Unidos, y los mandaba a los mejores camps, pero créanme, no tengo propiedades, ni cuentas en bancos americanos". ¡Ay doctor! también sueño con los noticiarios más terribles que se pueda imaginar. La otra noche soñé que estaba frente a Reagan con la mano tendida y que le decía: "Please, money please"; veía la bandera de Estados Unidos a su lado, con una estrellita de más. . . Doctor prefiero no dormir que seguir teniendo estas pesadillas, pero si no duermo, leo los periódicos y no sé qué es peor, porque cuando no los leo, con los ojos bien abiertos veo guerras, bombas, niños guatemaltecos llorando, montañas de cadáveres en Líbano, colas de desempleados y Marías en las calles vendiendo chiclets *Bubble Yum* de uva que me dicen: "señito, ayúdame con algo". Yo siempre les doy dinero, y sabe cómo me lo agradecen: "Que Dios le dé más. . . ¿Se da cuenta? ¡Ay, doctor, tengo ganas de llorar y no puedo! de veras, ¿eh? Ya hablé, ¿no?, dígame algo, que el problema no tiene solución. ¿Sabe de qué tipo soy, para que me desprecie aún más?, de esas que se ponen felices cuando le dicen a uno: "ay, pero usted no parece mexicana, más bien parece italiana o española; sus papás entonces no son de aquí, ¿verdad?". Acuérdese cómo regresaba siempre de mis viajes con seis maletas repletas a reventar, fíjese todo lo que traigo puesto es de allá, hasta las medias, mírelas. ¿Se acuerda de mis depresiones porque todo lo veía horrible, sucio, pobre, la gente mal vestida, nacos y nacos por todos lados. Acuérdese cómo le contaba que todo me daba asco, y la depresión me duraba semanas. No sé nada de historia de México. A ver, ¿dígame quién fue Santa Ana? ¿Qué fue lo que hizo? ¿Por qué me ve así, doctor? ¿Por ignorante, verdad? Cuando era chiquita creía que las canciones rancheras nada más eran para las criadas. Pero créame, que ahora sí quiero aprender a identificarme con lo mío. Quisiera que mis hijos estuvieran orgullosos de ser mexicanos; aquí van a vivir, van a trabajar, ah, eso sí que no vayan a ser políticos. . . Yo no me quiero ir a vivir del otro lado, doctor, como muchos amigos míos lo han hecho. Soy mexicana, como usted, y aquí tengo mis raíces, pero ¿por qué nos cuesta tanto trabajo creerlo? Si el país se vuelve socialista, pues yo también me vuelvo socialista; unos amigos cubanos dicen que así empezó Cuba, y ya se fueron a Miami. Doctor ¿ya es la hora, verdad? Ya me tengo que ir ¿ya? Híjole, nada más de pensar en el periférico a estas horas, se me revuelve el estómago. Dígame, doctor ¡ay! ¿no le importa si le pago la próxima semana? Es que tuve que pagar mi American Express, ya ve que ahora se puede liquidar en pesos. ¿De veras no le importa, doctor? ¿De veras? le juro que para la próxima semana le traigo su cheque. ¿Por qué me ve así, eh?. . .

Uno más uno, 6 de octubre de 1982

UN DOMINGO EN LA LAGUNILLA

Ese domingo en La Lagunilla, los intensos rayos del sol y el smog se filtraban entre las cháchara y los viejos libros. "¿Cómo le va señor Olmedo", le dije a mi viejo librero, "y ahora ¿qué trajo de interesante?". "Pues mire, contestó, a usted que le da por la nostalgia, conseguí con muchas dificultades, toda la colección ya encuadernada, de la revista Social desde 1936 a 1968, en que se dejó de imprimir. ¿Ya sabe cuál?, la de la portada plateada.

Pretendiendo una actitud de indiferencia (el señor Olmedo, es aún más carero en cuanto percibe el interés del cliente), tomé el primer volumen y comencé a hojearlo. Mis ojos se toparon con muchas fotografías color sepia. Grupos de personas bien sentaditas mirando fijamente la cámara. Los trajes y sombreros de la época me parecieron muy bien planchaditos, no obstante el polvo que tenía este primer número del 15 de agosto de 1936. Rápidamente leí la pequeña nota que escribió Editorial Mercurio explicando el por qué del lanzamiento de la revista (Para captar aspectos de la vida social de la metrópoli). El tipo de letra de estilo "retro" de los encabezados llamó mi atención: "Amazonas Modernas", "El Primer Concierto, de la Orquesta Sinfónica dirigido por Carlos Chávez", "En casa del poeta Enrique González Martínez", "Cocktail Party de los Príncipes Sulkowky", "Las chicas del volante", "Los nombres que se heredan". Conforme avanzaba en mi rápida lectura, sentía cómo mi interés iba aumentando: "Sesenta y nueve consejos, da una recién casada" (De cuando en cuando trate de confesarle que usted no tenía razón), "Cosiendo para los pobres", "Residencias de México", "Visitas con don Artemio del Valle Arispe". Cerré el libro y le pregunté al señor Olmedo: ¿Cuánto? ¿Se la lleva toda?

Depende. Ni la Hemeroteca la tiene. ¿Cuánto? Es toda una época de México que ya se la llevó el diablo. ¿Cuánto, señor Olmedo? Allí están los aristócratas de don Porfirio, que luego se volvieron pobres y los nacos de don Miguel, que luego se volvieron millonarios. ¿Cuánto? Trae de todo : recetas, consejos, cuentos, hasta fotonovelas con Julián Soler. ¿Cuánto? (le insistía con la frente perlada, tratando de disimular mi interés). Es una joya, un testimonio de tres generaciones de la burguesía mexicana; allí están las familias de los ex banqueros casando a sus hijos con la "aristrocracia". ¿Cuánto? Sale la casa de Dolores del Río en Santa Mónica, la boda de *La Doña* con Jorge Negrete, las primeras residencias de Acapulco, las bodas de los hijos de los políticos, hasta fotos de sus regalos salen, las primeras casas en las Lomas de los nuevos ricos, todas las recepciones diplomáticas. ¿Cuánto? Ya dígame señor Olmedo, ¿cuánto? Pues, mire, por tratarse de usted y porque es mi clienta, se los dejo todos, oiga, pero déjeme decirle, que se lleva una cosa única, verdá de Dios, con todo este material, a usted que le gusta escribir, hasta podría escribir una novela de nostalgia. ¿Cuánto? Pues mire, estas cosas ya no se consiguen en ninguna parte y como está todo, le repito, por tratarse de usted se lo dejo, permítame un segundo por favor.

El señor Olmedo se aleja y atiende a otro cliente. Mis ojos, mientras tanto, siguen clavados sobre los cuatro tomos empastados en diferentes colores y en mi mente seguía la pregunta ¿cuánto? ¿cuánto? Discúlpeme señora, nada más preguntan y no compran nada. Como le decía esta colección es fantástica, mire nada más esta fiesta de quince años, vea a la quinceañera, si hasta parece que tiene treinta; mire nada más qué fotografías de residencias, ¿verdad que parecen palacios? Mire aquí dice que es del señor Aarón Sáenz Couret. Fíjese: yo le compré esto a una viejecita solterona allá en Puebla, no quería vendérmela y luego que aceptó quería bastante lana por ella. Ya ve que siempre le doy precio. ¿Cuánto señor Olmedo?, que si sigo aquí me voy a derretir. Mire, esto es el tomo de 1952, vea este matrimonio qué elegante, aquí dice: "Schondube Almada Azcárraga Milmo", mire, lea, no mejor yo lo leo, ¿a ver quién es este? pues el mero don Miguel, le voy a leer: "En la fotografía superior durante el acto civil, que fue testificado por el presidente de la República, licenciado don Miguel Alemán y destacadas personalidades como: Licenciado Ramón Beteta, Tomás Braniff, Alfonso Barrenechea, Francisco Conde, Gastón Azcárraga, Tomás Milmo, Gerardo Rodríguez, Eduardo Mascareñas, etcétera, etcétera. ¿Cuánto? Pues, como quiero que usted se quede con toda la colección, porque usted sí sabe apreciar estas cosas, se la dejo toda a 30 mil. ¿Qué?, pero si allí dice que la revista cuesta cincuenta centavos. ¿Qué pasó, señora? Cincuenta centavos de los de 1936. Si no me los deja al precio que está marcado, me voy a quejar al

Instituto del Consumidor. ¡Ah! qué guasona es usted, ofrézcame a ver si nos arreglamos. Quince mil. ¡Ah qué guasona!, déme aunque sea veinticinco mil, eso vale mucho, palabra. Quince mil. También hay otro cliente que se interesa. Quince mil. Con usted no se puede. Quince, ¿Y yo qué me gano? Quince. Bueno, allí muere, déme los quince para que me persigne, lléveselos, mañana le llevo a su casa el resto. Saqué mi chequera, hice el cheque a nombre del señor Olmedo, y me fui con mis cuatro tomos y pensé: "Estos aspectos de la vida social de la metrópoli, fueron el diablo que nos llevó".

unomásuno, 31 de mayo de 1983

EL REGISTRO DE LOS TRESCIENTOS

Como los viejos libros de cuentos de hadas, forrado en terciopelo rojo y con grandes ilustraciones, el Duque de Otranto nos "exhibe la belleza, la distinción de las señoras cuyos retratos integran este 'album', desde el punto de vista de sus prestigios personales, de sus prendas, también personales y, lo que es más difícil, de su signficación social en el orden de los talentos y de las virtudes, y de la influencia que puedan ejercer sobre la vida social de México" dice en el prólogo. A fines de 1951, Carlos González López Negrete, mejor conocido como el Duque de Otranto, nombre tomado del título de Fouché, publicó 600 ejemplares (500 en papel ambassador y 100 en papel cameo plate importado y firmados por el autor) de "El registro de Los Trescientos". La fotografía que abre el libro es de la primera dama, la excelentísima señora, doña Beatriz Velasco de Alemán, de la cual dice el Duque de Otranto que siempre ha tenido, desde su más tierna edad, gran afición por la costura, sobre todo para la confección de sus vestidos "actividad a la que le ha dedicado siempre gran parte de su tiempo". A un lado de cada fotografía de las 300 elegidas aparece el nombre de la dama, el del esposo e hijos y una sección de antecedentes. A partir de allí se nos narra con escrupuloso lujo de detalle "quién es quién". Las trescientas (sin algunas más. . .) "disfrutan de un primerísimo sitio en el afecto y el respeto de nuestra sociedad mexicana. Son de sólidos principios y de limpísimo abolengo". Su objetivo en la vida es "saber inculcar a sus hijos una esmerada educación en las bases de la moralidad y limpias tradiciones de sus antepasados". La mayor parte de ellas se dedican a los trabajos propios de su casa, a obras de beneficiencia privadas como las Misiones, la Asociación de San Vicente de Paul, y las Madres Católicas. También se encuentran muy ocupadas dándole atención a sus modernas residencias en las Lomas de Chapultepec y a la práctica de deportes como el golf. Las más ocupadas son las que pertenecen a la Orden del Santo Sepulcro. Estas, por lo general, salen fotografiadas con peineta y mantilla negra. Se diría que sus ojos (de mirada bella naturalmente) contemplan a un crucifico o a las cuentas de un rosario de marfil que sostienen entre sus manos. El Duque de Otranto nos habla de "sus dotes de anfitriona, de su afable trato, de su gran prosapia y espíritu práctico cristiano". Además que todas poseen "exquisito gusto para la elección de ropa y alhajas". De las más ricas, enumera los nombres de sus haciendas, industrias y demás propiedades. De las más aristócratas, describe cada uno de sus títulos nobiliarios probando la hidalguía y nobleza de sus cuatro primeros apellidos desde los siglos pasados. La expresión de las 300 caritas de estas damas es dulce, tierna. Parecen satisfechísimas en la vida, como que ya la hicieron. Todas tienen cara de muy bien casadas, de gente decente, de gente como la de antes, de gente de buenas costumbres. Todas dicen hablar varios idiomas, tener inquietudes artísticas, sobre todo en decoración. Eran felices, no se cuestionaban como ahora sus hijas, unas ya divorciadas, otras que van con el siquiatra, otras que votan furiosas por el PAN. Sabían que eran una de las 300 de las que solía hablar el Duque de Otranto en su famosísima columna. "Los Trescientos. . . y algunos más" (título tomado del libro de Salazar *Las Trescientas familias castellanas* escrito en la Edad Media) que escribió por más de cuarenta años en *Excélsior*. El Duque de Otranto —nacido el 15 de enero de 1917— ha muerto y seguramente nadie lo reemplazará. Falleció el 28 de julio en la madrugada.

"Ojalá que esta obra, que presentamos a la siempre muy noble sociedad mexicana realice la finalidad que ha sido nuestra guía: la de servir de ejemplo a las nuevas generaciones, que hoy, quizá más que nunca, se agitan en un mundo que parece no haber conocido aún su finalidad. . . " dice el Duque de Otranto como conclusión del prólogo de su libro.

La Jornada, 17 de agosto de 1985

NUESTRA CRUZ

La gran cruz que domina desde lo alto de la montaña del Fraccionamiento Las Brisas, parecía aquella mañana más imponente que nunca. La claridad y transparencia del aire, le permitía vislumbrar desde las alturas el panorama que brindaba esta espléndida sección residencial acapulqueña. Enormes jardines con hileras de palmeras y flores, piscinas en todas las formas, canchas de tenis, muelles y playas privadas hacían alarde de esta belleza natural. Quiso entonces la cruz, concentrar su atención en el interior de una enorme palapa. Pequeños grupos, se encontraban entre el bar y la piscina, platicando muy quitados de la pena: Oye, qué bonito está tu bikini, ¿lo compraste en La Jolla? No, lo compré en Frattina, sabes la boutique de la ex esposa de por cierto, nos invitó esta tarde a tomar la copa en su yate Fandan López Doriga. "Pura fayuca darling". ¿Ya viste la película de Gandhi? ¡Ese sí que era masoquista! ¿Quieres otro drink? Parece ser que Miguel Alemán está muy grave. ¡Te imaginas su entierro! "every body" va a estar allí. ¿Sabes qué mano? Yo sigo bien decepcionado. Cada vez se entiende menos este país. De la Madrid no ha jalado y encima quiere salvar un régimen insalvable. El divorcio entre el sector público y sector privado, resulta para la economía del país, nefasto. ¿Qué quién se divorció? ¿No te parecieron elegantísimos nuestros presidentes cuando fueron a recibir a la Reina? Por cierto todavía no me comentas la cena en el barco. Los O'Farril llegaron tardísimo. ¿Sabes qué? Todos nosotros los mexicanos tuvimos la culpa, nosotros lo permitimos. Tiene que haber un cambio. Se tendrá que ir negociando con el ejército y terminaremos por tener un golpe de estado pacífico. ¿Sabías que a mediados de mayo Aca, será declarada "la Capital Mundial de la Magia"? Híjole, qué nacos, pero si ya ni "magia" tenemos. ¿Te sirvo otra copita de vino blanco aunque sea de los Reyes? Pero Los Reyes Chichimecas Ja-Ja. ¿Te invitaron mañana a casa de los Guiness? Los del sistema van para donde sopla el viento. Nuestra política exterior, es un lujo que ya no nos podemos permitir. Me pasas los langostinos please. Eso de mentarles la madre a los Estados Unidos y con la otra estar limosnéandoles, me parece muy grueso. ¿Más mayonesita? Me encanta cómo te quemas en dorado. A los que se fueron los deberían de colgar en la Plaza Mayor. ¿Tú no creés que el *low-cast*, no está ya cansada de

tantas promesas? ¡Obviously! ¿Quieres que te ponga crema en la espalda? ¿No se te hace que se vé guapísima Jacqueline con su pareo? La corrupción en México, solamente se persigue cuando afecta a los intereses del que sigue. ¿Ya leiste "Good by Jeanette" de Harold Robbins? A mi manera de ver Sepúlveda le está dando dignidad al régimen. ¿Sabes hasta qué horas nos quedamos jugando backgamon? Te lo juro que por las noches no puedo dormir de pensar que tengo que regresar al D. F. ¿Sabías que en el Pedregal están cerrando muchas calles? Para entrar debes de identificarte. ¿Tú crees que los cuates del gobierno son unos iluminados? Oye y ¿qué paso con Renacimiento tú que te la vives en Aca? ¿Con la época del Renacimiento? Ahora sí, que no te mediste, pues ni que fuera historiadora... ¿Nos echamos otro partidito de padle tennis? A mí se me hace guapísimo Silva Herzog. ¿Qué te pasa? Si es de ojo mojado, amarillo, así como enramadito. Quique, amor mío, ¿por qué no cambias de cassette? ponme la de Julio Iglesias, ¿no? Siento que este Salinas de Gortari va a ser el Oteyza de De la Madrid. A veces pienso que el PRI es como una madre. No se rian. De esas típicas mamacitas mexicanas que perdonan todo, resignadas, cómplices de las travesuras de sus hijos, de esas que nunca los juzgan, que se dejan explotar y explotar al máximo, hasta que se mueren. No cabe duda que este sistema echa a perder a los hombres. Los Balcani y los Portanova, esos sí que apuestan duro. Ayer por la noche, les gané 150,000.00, mismos que serán depositados directamente a mi cuenta en Nueva York. ¿Nada más mil dólares? Esos son *peanuts*, si vieras lo que yo junté la otra noche. ¿Me pasas el plato de carnes frías por favor? Van a ver el desempleo que se va a venir. No te asolees tanto, acuérdate de tus arruguitas. El préstamo de los 5 mil millones no va a servir ni para ir a la esquina. Juanitaa, Juanitaa (ay estas maids cada día están más sordas) Juanitaa ¿nos puede traer más hielos por favor? Mmmm qué fresca está el agua. ¿Cuando se regresan ustedes? Después de toda la naquiza, el lunes por la tarde. Jacqueline, Jacqueline ¿dónde está el house —boy para que venga a recoger las bolas en el padle tennis? ¿Saben que Tarzán se está muriendo aquí en Acapulco? ¿Por la contaminación? Je-je. Allí tenemos una de sus viejas películas, si quieren esta noche se las pasamos. Mejor pásanos una bien "porno" como la del otro día. ¿En Semana Santa? Ja ja ja.

La gran cruz ya no quiso seguir escuchando. Tenía demasiado calor. Sentía como si el sudor se le estuviera escurriendo a todo lo largo. Y pensó: "Ellos también llevarán pronto su cruz a cuestas".

unomásuno, 2 de abril de 1983

SUEÑO DE UNA TARDE DE INVIERNO

Todavía me veo caminando dentro de una tarde de invierno fría y gris como suelen ser en París en esta temporada. A pesar de las gruesas medias de lana y de las botas, sentía los pies congelados. "Es que en este lugar, todos están fríos hace ya tanto tiempo", pensé para mis adentros. Con mucha determinación y apretando el paso cada vez más, me dirigí hacia el lugar de mi cita. El señor de la entrada, me había dicho, que si seguía por el "allée" 24, llegaría derechito. Efectivamente a lo lejos, comencé a percibir entre otras cosas, la pequeña capilla. En lo alto, se veía un águila mexicana, y debajo del águila, el nombre: Porfirio Díaz.

Allí estaba, todo vestido de negro, con sombrero de copa en una mano, y en la otra, su eterno y pesado bastón de alma de hierro y puño de oro.

En la solapa, llevaba solamente una condecoración: la Cruz de la Constancia:

—Buenas tardes don Porfirio, espero que no lo haya hecho esperar mucho tiempo, dije nerviosamente.

—De ninguna manera mi distinguida señora (me llamó la atención su ligero acento francés, debido seguramente, a los 68 años que lleva en el cementerio Montparnasse).

—Antes que nada quisiera agradecerle esta entrevista. Sé que hace mucho no las concede, es para mí un honor, créamelo.

—Gracias señora, le diré, como decía mi buen amigo De Teresa: "disponga de mí, como un paraguas". Dice esto, sonriendo y retorciéndose los tupidos bigotes blancos.

—Pues bien, vengo a platicar con usted, don Porfirio, acerca de México. ¿Sabe usted que nos encontramos frente a una grave crisis?

—Efectivamente, gracias a un sobrino lejano, quien durante el mes de septiembre, vino a llorar sobre mi tumba. (No lo escuchaba bien, porque como sabe, estoy un poco sordo), sin embargo en medio de sus lamentaciones ha llegado a mi conocimiento, que están atravesando una situación azarosa y que los mexicanos se encuentran con la esperanza perdida, ¿no es así?

—Sí, don Porfirio, así es.

—Ahorita vienen a mi memoria, las palabras del obispo Montes de Oca de San Luis: "Desventurada raza mexicana, mandar no sabe, obedecer no quiere". Pero dígame, ¿cómo se llama su nuevo presidente?

—Miguel de la Madrid.

—Debe de ser el nieto de mi amigo De la Madrid. Conozco a la familia, son gente decente. Ya verá, las cosas se irán componiendo. Si usted supiera en qué estado recibí el país, después de González ¿Existen partidos de oposición?

—Son muy débiles, don Porfirio. El PRI partido del Gobierno, el cual lleva en el poder 53 años.

—Y de pensar que tachaban a mi gobierno de ser una dictadura. . . platíqueme, ¿cómo está Oaxaca?

—Pobrísimo, don Porfirio.

—De casualidad, ¿no sabe cómo va la caña en La Noria?

—Lo ignoro, lo que sí le puedo decir es que ahora importamos azúcar.

—Y los ferrocarriles, ¿qué me cuenta de los ferrocarriles?

—La corrupción y la mala administración han hecho de la empresa una carga para el gobierno. Desde hace muchos años están en números rojos.

—¡Mon Dieu! Al terminar mi mandato existían 19,748 km de ferrocarriles ¿Cuántos hay ahora?

—697 kilómetros más, don Porfirio, es decir 20,455 km.

—¡Qué barbaridad! Pero ¿qué les pasó?

—Creímos en el petróleo, gastamos más dinero del que teníamos, nos endrogamos con una deuda externa de ochenta mil millones de dólares, y lo más terrible, permitimos la corrupción.

—En mi época a un jefe político que se le encontraba involucrado en malos manejos con el dinero del gobierno, se le destituía con mucho escándalo y se le consignaba ante un juez.

—Eso es lo que el pueblo espera de este nuevo gobierno, que se consignen a los corruptos ante un juez. Pero no lo han hecho hasta ahorita. Tienen miedo, ¿no ve que todos son del mismo partido?

—Créame que quedo grandemente consternado. Sin embargo, no dudo que miembros de mi propio gabinete no haya hecho negocios, en particular con la construcción de los ferrocarriles. Dígame, ¿cuáles son sus relaciones con Estados Unidos?

—Son complejas, don Porfirio. Están muy preocupados por la situación, no sé porque pienso que los gringos quieren entrar aquí para protegerse. Seguimos con el problema de los indocumentados, y ahora a raíz de la enorme deuda externa, tuvimos que recurrir al FMI para que nos prestaran dinero. Este Fondo Monetario a cambio del préstamo, nos dice qué debemos de hacer y qué no debemos de hacer para salir del agujero en el que estamos. El Secretario de Hacienda y Crédito Público anda por todo el mundo para conseguir 300 millones de dólares para renegociar la deuda externa.

(Al oír esto, ví cómo su expresión se entristecía notablemente).

—Siempre fue mi preocupación: el yanqui. En realidad nunca ha dejado de acecharnos.

—Discúlpeme que lo interrumpa don Porfirio, ahora que dijo "yanquí", ¿qué me dice de la persecución yaqui?

—Una vieja historia, se trató de una persecución de rebeldes. Recuerde que mi régimen, se caracterizó por la paz y el orden como sistema absoluto.

—Y también por extranjerizante, ¿no? Se lo digo porque también nuestra clase media le ha dado por adquirir modos de vida, y de pensar de Estados Unidos. El *American Way of life* los ha alejado aún más de su propia identidad.

—¿Cuántos habitantes tiene ahora México?

—72 millones, de los cuales 30 son marginados.

—¿Cómo?, no oigo bien.

—Se-ten-ta y dos mi-llo-nes.

—Si mi memoria no me engaña en el censo de 1900 había 13 millones 605 mil 19 mexicanos.

—En efecto don Porfirio, pero si mi memoria me es tan fiel como la suya, ese año murieron 457 mil 327 mexicanos por desnutrición, falta de salubridad y epidemias.

—Y la Revolución, ¿cuáles fueron los resultados de la Revolución?

—Haber instituido la Revolución. De allí el Partido Revolucionario Institucional.

—Dígame señora, ¿volvió a haber luchas religiosas?

—Sí, una muy importante, donde murió mucha gente.

—¿Y Francia los ha ayudado?

—Sí, también ellos nos han prestado dinero. Y con ellos construimos el Metro.

—No me diga, ¿el Metropolitan? Es un transporte magnífico. Con Carmelita y los Elízaga seguido lo tomábamos para ir a la opera. Seré curioso, ¿quién está al frente de Relaciones Exteriores?

—Bernardo Sepúlveda Amor. Su esposa es nieta de José Ives Limantour.

— ¡Magnífico!

—Don Porfirio, platíqueme un poco de los "cientísicos", perdón de los científicos.

—Un grupo de intelectuales especial. Su conocimiento de México era parcial. Cometieron muchos abusos en los bancos. Hoy todavía me pregunto si Limantour no toleraba esta situación. Como sabrá, yo fundé con De Teresa y Ortiz de la Huerta el Banco Nacional de México. En 1884 acabó fundiéndose con el Banco Mercantil Mexicano. Naturalmente aprobado por el Congreso.

—¿Sabe que ya la nacionalizaron?

—Mande usted, no le escuché.

—Que ya la na-cio-na-li-za-ron.

Mirándome fijamente a los ojos dijo: "Espero que sea para el bien de México.

—Y cuénteme, ¿terminaron Bellas Artes y el Palacio Legislativo?

—Bellas Artes, sí, y con el proyecto del Palacio Legislativo, aprovechando la estructura, se hizo en su lugar el monumento de la Revolución.

—Mi distinguida señora, temo que la noche haya caído demasiado rápido. Debo retirarme. Ha sido para mí muy grato el haber conversado con usted de nuestro México. Lo único que me resta decirle es que no les queda más que la inversión extranjera. Créame que siempre experimenté un amor delirante hacia mi patria. Siempre cumplí con la voluntad del pueblo. Abusando de su bondad, yo le suplico que trasmita mis afectuosos saludos a los Rincón Gallardo, a los Landa, a los Redo, a los de la Torre, a los Riva, a los Macedo, a los Mier, a los Gavito, a los Ortiz de la Huerta, sin olvidar a los Escandón, a los Corcuera. Mientras decía más y más apellidos su figura se iba alejando, hasta desaparecer completamente. Ya ni me dio tiempo de preguntarle por don, Susanito Peñafiel y Somellera.

unomásuno, 22 de enero de 1983

HAPPY BIRTHDAY

Entre nuestras tradiciones festivas, hay una que me llama particularmente la atención: las fiestas de los niños, de las niñas bien. Veamos de cerca una de una niña bien, bien rica, desde que se inician los preparativos. Diez días antes, la mamá se comienza a poner super nerviosa a causa de la presión de su *gorda*: "Mami, mami ya va a ser mi fiesta y todavía no has comprado las invitaciones. Quiero que me mandes hacer mi pastel a Pastelandia con la cara de un Fantomas. Este año no quiero ni mago, ni payaso, quiero los títeres que fueron a la fiesta de Casilda. Pero como duran tan poquito quiero que me rentes cine. ¿Si mami? Quiero invitar a todas las niñas de la clase, aunque no conozcas a todas sus mamás, y a todos mis primos. ¿Si mami?". Eso dice la pequeña con una voz acarameladita. A partir de ese momento la mamá comienza, con toda su energía, a organizar el cumpleaños. Primero compra 50 invitaciones Hallmark en forma de Rosita Fresita. Con mucho cuidado y poniendo toda su atención, las rotula. Al final pone con su puño y letra: ¡No faltes! A las mamás de los primos les habla personalmente por teléfono y les dice: "Quiubo. Oye ¿me mandas a tus enanos?, es que es cumpleaños de mi gorda. Si quieres pasa el chofer por ellos y yo te los regreso". "¿Okey? Mil Gracias" exclaman al colgar. Después compra las piñatas: la Pantera Rosa, Rosita Fresita, Mafafa, para las niñas y Mimoso el Ratón y Supermán, para los niños. Las guarda cuidadosamente en el garage. Unos días antes de la fiesta, se va hasta el mercado de Sonora a comprar "lo de la piñata". Odia ir por esos rumbos, porque siempre se pierde, pero como están las cosas, piensa que tiene que ahorrar. . . Hace dos años traía todo de Colorado: los *milky ways* miniatura, los chiclets, los chiclosos, etc., etc. Ya dentro del mercado se ambienta y con bonito modo, comienza a regatear: "Ay marchante, pero ¿por qué tan caro? Si le llevo cuatro docenas, ¿a cuánto me lo deja?". "Ay güerita, si todo está por las nubes. Ahora, con eme, eme, ache nos está yendo pior" contesta el marchante sin bajarle ni un centavo. Compra de todo en miniatura y en plástico; luchadores, regaderitas, pelotitas, panderos, cochecitos, canastitas, jueguitos de té, cunitas, chupones, mamilas, pistolitas, soldaditos, platillos voladores, todos los personajes de los Gremlins, arañas, tarántulas, guitarritas, cazuelitas (para la piñata de las niñas), etc., etc. Tres muchachos con sus "diablos" la siguen por donde quiera. "Ahora sí, ya me pasé, pero es que me da tanta ilusión", piensa, sintiéndose de pronto como una niña. Como está muy cerquita de La Merced, aprovecha para comprar la fruta y los dulces. Con la camioneta llena de bultos se dirige con el chofer hasta el mercado de los dulces. "¿No tiene bolsas de *milky way*?" Pregunta a un vendedor de frutas cubiertas. "Allá dentro" le dice aquel sin haber entendido ni una palabra. Finalmente se anima con tantos dulces mexicanos "porque son como los que venden en Liverpool". Cuando llega a su casa le dice su gorda: "Ay, mami, son puros dulces chafa. Cómprame los de fayuca que venden en Polanco ¿Sí mami?". Al otro día se va corriendo a Polanco a comprar muchos *milky way* y bolsitas de todos los colores con polvos agridulce. Casi todos los días vuelve a confirmar la renta del teatro de títeres, las mesitas con sus sillitas, el cine, los meseros, el pastel, etc., etc. La noche anterior se acuesta tardísimo preparando las bolsitas llenas de dulces y sorpresas para los niños que no alcancen nada en la piñata. Como es muy creativa, se le ocurre hacer unos conejitos con malvaviscos. Unos llevan moñitos rosas y otros azules. Sus tres muchachas no paran de preparar las gelatinas, los merengues, las medias noches, los sanduichitos, y todas las aguas frescas con *Koolaid*, porque la Coca "es pésima para los niños". El mero día de la fiesta está aceleradísima. Va al salón, pone flores por toda la casa. Sale y entra del jardín a la casa, da instrucciones al jardinero, al mozo y al chofer para que empiecen a colgar globos, piñatas. "Sáquenme las bocinas para que se escuche la música de los Menudo" dice ajetreadísima. "Gorda, ponte tu vestido que te traje de España, con los calcetines de hilaza y tus zapatos de charol". "Ay no mami, me voy a poner mi *jump suit* lila y mis tennis rosa. ¿Sí, mami?" Suplica la hija. Todo está listo, el teatro instalado en medio del jardín, las piñatas colgadas en la parte de atrás, hay globos por donde quiera, los meseros van y vienen. Comienzan a llegar los invitados. "¿A qué hora mando por los niños?" Dicen las mamás que tienen mucha prisa. "Cuando quieras, no después de las ocho" contesta la anfitriona. De pronto se llena el jardín de niños de todas las edades, de nanas uniformadas con batas de cuadritos (otras van vestidas como enfermeras). Se ven entre ellas y piensan cuánto les pagarán sus patronas. "Ya va a empezar, ya va a empezar" grita la de la fiesta que se está sintiendo soñada con su conjunto. Todos se instalan en sus sillitas, se abre el telón y sale una voz. "A ver amiguitos vamos a cantar las Mañanitas". Paty. . . y todos los niños juntos empiezan a cantar "Happy birthday to you. . . "

La Jornada, 9 de marzo 1985

¡HOLA!

Hola por aquí. *Hola* por allá. *Hola* por todos lados. "La revista *Hola* es: ¡mi máximo!" Afirman sus asiduísimos lectores: "Es como una droga; la lees una semana y difícilmente puedes esperar hasta la próxima para saber cómo va el embarazo de Carmen Martínez de Bordiú, ahora señora de Rossi, y que fue esposa de Luis Alfonso de Borbón, duque de Cádiz; pobre duque se quedó solo y triste. ¿Te das cuenta el partidazo que es?".

Estos, los verdaderos adictos, hombres o mujeres sufren de una enfermedad conocida como *holitis* . Los holíticos que no estan suscritos y que ven que ya se agotó en Sanborn's, corren desesperados a todos los puestos de periódicos, librerías, editoriales, imprentas hasta encontrar su *Hola*. Si no corren con suerte regresan todos sudados a su casa y con las manos temblorosas hojean jadeantes los números atrasados.

Por las noches, gritan angustiados: "¿Quién me presta el último *Hola*?" *Hola* es una revista de evasión. Al leerla se tiene la misma sensación que sentía uno al ver las películas de Sissi. La revista nos lo muestra todo bonito, pero sin olvidar la realidad del mundo en que vivimos. En sus páginas nos enseña la felicidad y desgracia de la aristocracia, del jetset, del mundo artístico, de los políticos, de los intelectuales, en fin, de la *realy beautiful people* pero en serio, allí nadie es chafa. Semana a semana seguimos de cerca sus bodas, sus entierros, sus bautizos, sus noches de luna de miel, sus divorcios, sus vacaciones, sus depresiones, sus fracasos, sus éxitos, sus complejos, sus hijos, también los naturales, sus nietos, sus residencias, sus playas privadas, sus aviones particulares, sus abortos, sus clósets, sus cocinas, sus Rolls Royces, sus cumpleaños, sus amantes, sus viejos *affaires*, sus traumas, sus amistades, sus diarios íntimos, sus chequeras, sus siquiatras, sus bancos, sus chalets, sus caballos, sus embarazos, sus dietas, sus deportes etcétera, etcétera.

Todo, todo, hasta sus lágrimas, sus risas y sudores aparecen en los rostros que forman ya parte de la familia de cada lector. Pero, ¿de quiénes son estos rostros? se preguntarán, pues son de: Carolina de Mónaco y su hermana Estefanía; de Isabel Preysler, ex de Julio Iglesias; de Isabel Pantoja viuda de Paquirri, de Lady Diana, de Elizabeth Taylor, de los Kennedy, de los Reagan, de la Duquesa de Alba, del príncipe Felipe, de Miguel Bosé; de SAR Henri de France, Conde de Clermont; de Claudia Cardinale; de SAR Beatriz de Orleans; de Julio Iglesias, de la Reina Sofía, de Cristina Onassis, de Paloma Picasso, de Carmen Romero, esposa de Felipe González; de José Luis Rodríguez, El Puma; de la Reina Isabel II de Inglaterra, de la Duquesa de Franco, de Robert Redford, del hijo de Alain Delon, de Carmen Ordóñez, la ex de Paquirri; de Enrique y María Teresa de Luxemburgo, etcétera, etcétera. Todo el mundo sale retratado en *Hola* porque es una revista plural, nada racista. ¿No en un número reciente se le hizo un reportaje extensísimo al ex emperador Bokassa de la República Centroafricana?

Cuando las señoras llegan al salón de belleza, lo primero que hacen es precipitarse al *Hola* y le dicen a su peinadora: "Mira, córtame el pelo como Lady Diana. A mi me gustaría maquillarme como ella, vestirme como ella. Ay, quisiera ser ella" comentan, suspirando y viéndose al espejo. En las reuniones sociales hablan de estos personajes como si convivieran con ellos: dicen: "Ay, te fijaste cómo ha engordado Cristina Onasis?. . . ¿Adivina quién se cortó el pelo? Estefanía de Mónaco, se ve fatal. . . Oye, la que tiene muy buen tipo es la mamá de Miguel Bosé".

¿Sabes quién perdió su hijo? La esposa de Gonzalo de Borbón. . ."

No hay duda, la revista *Hola* se lee en todo el mundo de habla hispana. La empresa Editorial Hola S.A., en España edita 750 mil ejemplares semanalmente y exporta 20 mil a México. Hace 40 años en Galicia, a un campesino llamado Antonio Sánchez Gómez se le ocurrió la idea. Nunca se imaginó la riqueza que iba a aportar a miles de hogares, y al suyo propio.

En México, la revista cuesta 525 pesos, pero en unos meses, desgraciadamente, costará más y más. A mi manera de ver aquí deberíamos de publicar una que se llame *Quiubo*. ¿No acaso tenemos entre nosotros miles y miles de personajes cuyas vidas son interesantísimas? Así podríamos exportarla a toda América Latina, Miami y España y obtener muchas divisas que tanta falta nos hacen. ¿Quiubo? ¿no se les hace una super buena idea?

La Jornada, 23 de febrero de 1985

DESCANSEN EN PAZ

Como ya se acerca el Día de los Muertos, y la tarde me resultaba gris y fría me puse a pensar con el respeto que se merecen, en todos los muertos en vida que conozco. Les ofrezco pues, desde ahora, a cada uno de ellos, un ramo de flores de cempasúchil, antes de que la "Gorda en patines" arrase con los precios.

Ultimamente, a donde voy me topo con alguno de ellos, ya sea un muerto de hambre o simplemente de miedo. El muerto de hambre: "¿Cuánto crees que pagué el otro día en el Maxim's? , y eso que no pedimos vino ni del país. De plano, además de provocarme gastritis, me da dolor de cabeza". Aquellos que se mueren de de miedo, dicen: "Es que estoy muerto de miedo con todos estos asaltos. Mínimo, tienes que tener 30 mil en *cash* en algún cajón, si no quieres que te maten".

También me encuentro muchos que siguen muertos de coraje contra el país: esos también matan. Lentamente, día a día, matan la poca fe y confianza que les resta desde aquella *dolorosísima* nacionalización de la banca: "Oye, después de lo que nos hicieron, ¿quién quieres que crea en este pinche país de mierda?; yo por eso sigo juntando mis dolaritos, para llevármelos a Nueva York".

Y ¿qué puedo decir, de los que están muertos de vergüenza? "¿No se te hace una vergüenza esa deuda externa que tenemos? ¿Sabes que como mexicana, en San Diego, no quisieron recibir mi tarjeta de crédito?; me dio una vergüenza. "Pero también los hay que se la pasan muertos, pero muertos de la risa", dicen, "es que este país es de car-ca-ja-da, es de chis-te, no es real, un país así, no puede existir, a diario lo inventamos. Oye, lo del sindicato petrolero y lo de Durazo es como para morirse de la risa". Los que están muertos de envidia, a esos definitivamente procuro evitarlos, por aquello de las "malas vibraciones", sin embargo, muy de cuando en cuando me los encuentro: "ay oye, realmente no entiendo cómo puedes seguir llevando este tren de vida; de seguro que tu marido es un típico 'vende-patrias' ".

Los que están muertos de ganas, padecen de ganas de irse de México: "mira, Mac Allen es un lugar super. Todo está tan bien organizado. La gente allá es tan, pero tan educada, sin exagerarte, para todo te dicen *please* y *Thank you, honey* ¿No son un amor?" Los que resultan, verdaderamente insoportables, son los que están muertos de angustia. A esos de veras, quisiera matarlos: "Es que ya el comunismo nos está pisando los talones. Si no fuera por Estados Unidos, todo el mundo, escúchame, todo, pero, todo el mundo estaría como Cuba. Vas a ver como para 84, el dólar va a estar a 300, bueno, si antes, claro, no viene la tercera guerra mundial, que de hecho ya está a la vuelta de la esquina". Los muertos de cansancio se quejan de todo, todo el tiempo, por esto mismo están siempre cansados: "Ya me cansé de repetir que debieron de haber devaluado en agosto de 1981. Este sistema de quinta nos tiene francamente cansados. Yo ya me cansé de escuchar pura demagogia de cuarta, de plano, ya me tienen cansado".

Aquellos que se la viven muertos de frío, también me resultan además de friolentos muy desagradables: "¿Te has fijado que las casas en México no tienen calefacción? Si vieras antes qué bonito clima teníamos. Inclusive la gente bien, en su guardarropa, no tenía abrigo. Aquí el frío no es como el de Europa, porque no es exactamente frío, frío, es más bien un frío tibio, como tímido, no es el invernal. Cuando hace frío, es como de mal tiempo, como si fuera nada más un "norte".

Y los que están siempre muertos de calor: "¿Sabes? Aquí el calor es el típico calor de país subdesarrollado, aunque es un calor revuelto con *smog*, entonces no llega realmente a calentar, si no que nada más agobia".

Los que son muy simpáticos, son los que están muertos de gusto: "Me morí de gusto cuando me enteré del deslizamiento del dólar, porque así mi cuenta del otro lado, se incrementa diariamente trece centavos. Qué gusto me dio saber que se podía comprar otra vez la revista española *Hola* porque últimamente le había perdido la pista a Julio Iglesias y a Lady Diana. Me dio mucho gusto enterarme que ya está esperando familia otra vez".

Me solidarizo con los que están siempre muertos de pena, porque sinceramente, sufren mucho: "Me morí de la pena cuando me preguntaron que de dónde era mi vestido. Tuve que decir la verdad, que lo había comprado en Liverpool de Polanco. Primero, me quise morir, y luego me dije: 'trágame tierra' ".

No, no puedo dejar de omitir a aquellos muertos de tristeza. Son quizá, los más solidarios de todos los muertos: "Me quise realmente morir de tristeza cuando me enteré que en El Maleficio, Enrique De Martino engaña a Beatriz con Juliana Pietri, que en realidad nada más lo está utilizando. . .

unomásuno, 1o. de noviembre 1983

VICTIMAS DE NAVIDAD

Seguramente el título hace pensar que me referiré a las víctimas del alza de todo: del pan, la tortilla, el frío, el desánimo, etcétera. Pero no, también existen otras víctimas que no podemos ni debemos olvidar. Dediquémosles pues, este espacio como prueba de nuestra gran solidaridad.

Desde que empezó el mes de diciembre, estas pobrecitas mártires se encuentran de lo más atareadas del mundo, nada más no paran. Prácticamente se la pasan todo el santo día en el coche yendo y viniendo de un lado al otro. Conforme avanzan los días, sus actividades se intensifican de más en más y como se acuestan tan, pero tan tarde, pues se sienten como zombies: "Te lo juro que últimamente he andado en la loca, por más que me quiero organizar no tengo tiempo para nada. Ando aceleradísima. Mira, hoy por ejemplo: tengo que ir al banco a sacar los *travelers*, tengo que pasar a Aries para comprar una agenda 1986. Después me tengo que regresar de volada a la casa porque me vienen a dar masajes. Luego, como de rayo tengo que pasar a la *boutique* Frattina a recoger unos pantalones que mandé a subir la bastilla. De allí me voy voladaza a Tane a comprar los regalos de las maestras. Antes de las dos tengo que ir por los niños, porque el chofer está repartiendo regalos. En el camino de regreso a la casa tengo que pasar a la tintorería. Despuesito de comer, me voy corriendo al salón, porque esta noche tengo tres cocteles. Saliendo del salón voy a comprar unas trufas a La Marquesa, para mi vecina. Luego tengo que ir a la gastronómica para encargar unos canelones para mi cena de mañana. De allí me voy a Matsumoto a comprar unas nochebuenas para mandárselas a la jefa de manzana porque le he fallado a todas las juntas que ha organizado.

De Matsumoto, en las calles de Puebla, le corro a la salchichonería francesa en Polanco para encargar dos latas de marrón glacé y tres de turrones, para meterlas en unas canastas navideñas, que todavía me faltan algunas por mandar. No sé si me dará tiempo de pasar a ver a mi mamá aunque sea un ratito. Si todavía no es muy tarde, pasaré a Liverpool a comprarme unas medias negras y después ya me vengo a la casa como de rayo a cambiarme e irme a casa de Jorge y Laura. "Espero que el tráfico no esté tan mal", dicen mientras lanzan un profundo suspiro.

Cuando van manejando en el coche recorren mentalmente su lista de pendientes: "Comprar el regalo de la secretaria (con una crema de manos es suficiente), hablar al hotel a Veil para confirmar los seis cuartos, recoger mis botas con el zapatero, comprarles los suéteres de las *maids*, hablarle a Laura para decirle que estuvo sensacional su coctel, llamar a Lourdes para preguntarle qué marca de chocolate le pone a su *mousse*, revisar la ropa de esquiar de los gordos, mandar a la perra al veterinario, darle las gracias a mi vecina por el pinche pastel de frutas que me mandó, ir a la Kodak a recoger las fotos de Acapulco, comprar más heno, invitar a Paty y a su marido a tomar una copa en la casa, preguntarle a Lourdes cuánto les va a dar a sus muchachas de aguinaldo, si una o dos semanas, hablarle a Vera, para una limpieza de cutis, comprar coca-colas y agua quina. . .

Si le queda un poco de tiempo, va al mercado cerca de su casa, compra varios kilos de colación y dentro de unas bolsitas de plástico mete unos puñitos de caramelos para regalárselos a los hijos del chofer y del jardinero. "Yo siempre les doy, aparte de su aguinaldo otro regalito. Para nada quiero que se me vayan. . . ", comenta con gran espíritu navideño.

La Jornada, 20 de diciembre 1985

MAMA MODELO 1985

Desde que se reanudaron las clases, siento que un gran número de mamás andan como nunca de agotadas, gastadas, endrogadas, malhumoradas, presionadas, aceleradas, carrereadas, manipuladas, chantajeadas, atarantadas, desveladas, arrugadas, pero sobre todo: impresionadas por lo caro que está costando la entrada a las escuelas. Así de agotadas las vi la otra tarde en Liverpool de Polanco. Con cara de dolor de estómago iban y venían de una caja a otra, seguidas de sus *gordos*, que no dejaban de quejarse o de pedir:

"Mamá, es que los tenis que me compraste en junio ya no me quedan. Te lo juro. Ahora necesito unos *Candies*, pero de cuadritos. Esos suéteres no me gustan porque pican. Esta blusa está super chafa. ¿Nada más me vas a comprar cuatro pares de pantalones? Aunque estén de barata, yo no quiero de esas playeras; la buena onda son las de *Polo*. Ay, mamá, estos zapatos con suela de hule están de lo más nacos. Necesito una lonchera con termo. Yo quiero un portafolio como los de mi papá, de piel. La maestra nos dijo que necesitamos dos *jogging suit*, marca Fila, dos trajes de baño, dos shorts, aparte dos sudaderas y una petaquita. A mí ya no me gustan las mezclas, quiero 100 por ciento algodón. No quiero esos calcetines porque me sudan los pies. Me queda muy chico. Me queda muy grande. Mamá, ya vámonos, ya me cansé; además, yo no quiero regresar al colegio porque ya se me olvidó lo que aprendí el año pasado", decían algunos recargándose sobre los mostradores.

Las mamás, sin embargo, no reaccionaban ante todas estas protestas; parecían pequeños robots abriendo y cerrando sus bolsas frente a las cajas. A veces una que otra murmuraba entre dientes: "Ya, niño, ¿qué no ves que todo está carísimo? Luego tu papá se pone furioso y me dice que no sé comprar". Eran ya cerca de las siete de la noche y las colas seguían frente a las cajas. Había también otro tipo de niños: los que no exigían. Estos organizaban juegos en las escaleras mecánicas, se asomaban a los vestidores de niñas, o bien se dedicaban a deambular por toda la tienda. Con decenas de bolsas repletas de cosas sumamente necesarias. . . salían todas las mamás agotadas, con sus *gordos*, despeinadas, con los pies hinchados y con la mirada extraviada.

Pero todavía las vi más malhumoradas, presionadas y aceleradas mientras hacían la cola en la escuela para la compra de los útiles. Un gordito adorable con lágrimas en los ojos le suplicaba a su mami: "Es que no quiero rentar mis libros, porque después se burlan de mí. Además siempre los dejan muy cochinos. Hasta groserías tienen escritas". La pobre mamá pobre, enojadísima, le dijo: "Se las borramos. Además, forrados no se nota que están usados". El pobre gordito pobre nada más tragó saliva, sin decir nada. Las presionadas veían su reloj cada cinco minutos: "Hace tres horas que llegué y todavía faltan muchas señoras. ¡Qué desorganización!". Muchas de ellas se quejaban de los precios: "¿Se dan cuenta que el libro de latín cuesta 25 mil pesos? ¿Ya vieron lo que valen los libros de secundaria? Y todavía faltan los cuadernos y todas las porquerías que les piden. Entre uniformes, colegiatura, libros y plástico para forrar, llevo gastados cerca de 200 mil pesos, y eso que todavía me falta pagar el judo, la natación, el camión del colegio, las clases de inglés y la de computadora". Pobres mamás, me daban mucha lástima.

Pero más lástima me dio una cuando, después de haber hecho

cola durante tantas horas, llegando a su casa escuchó: "mamá, tenemos que llevar mañana mismo todos los libros forrados, tenemos que ir a la papelería, me tienes que forrar una cajita para mis cosas de pintura, me tienes que subir la bastilla de mis pantalones, me tienes que marcar toda la ropa, todo tiene que ir marcado: los lápices, la goma, hasta el compás. Me tienes que sacar la punta a todos mis colores, es que si no llevo todo mañana me regañan y me preguntan: '¿Qué tu mamá no se ocupa de ti, o qué. . .?' "

La Jornada, 7 de septiembre 1985

THE WINNER

Estaba yo en las afueras del colegio de mis hijos. Excepcionalmente, ese día había llegado a buscarlos diez minutos antes de la hora de la salida. Mientras esperaba no muy lejos de un grupo de mamás super puntuales, escuché sin querer lo siguiente:

"—¿No estás felizaza por lo de Reagan? Te lo juro que desde que sé que es presidente tengo un *feeling* como de alivio, de *self security*. ¿Sabes qué?, me volvió la fe. Sin exagerarte, volví a creer en este mundo tan caótico. *Thanks God*, me dije con las lágrimas en los ojos cuando anunciaron que ya era un hecho. Esto es un verdadero *happy end* pensé. Claro que yo ya lo sabía. *Every body* lo sabía. Pero lo que no sabíamos bien a bien, es que el señor fuera a arrasar, a ganar con prácticamente todos los votos. Fíjate que me eché todas las elecciones, por cable *of course*. Híjole, cuando se fueron prendiendo los foquitos de casi todos los estados que lo apoyaban, gritaba: *That's my boy, that's my boy*. Por Dios, que *I couldn't help it*. Yo de plano, grabé toda la transmisión. Ay, oye, es que se trata de un verdadero documento histórico. Bueno, te diré que no había de otra, era de lo más *obvious*, ¿no? O sea, que Reagan es lo que se llama: *a real winner*, pero desde que nació, ¿me entiendes?, es el *big big winner*. La verdad es que todo el mundo estamos celebrándolo. Con decirte que en casa de mis vecinos se abrieron dos botellas de champagne. Se invitó al jefe de manzana y todos brindamos *super happies*. Ahora sí que los de Contadora se van a tener que ir calmando. Bueno, te diré que mi marido me dijo el otro día, que ya estaban como más *easy going*. Parece ser, que ya les jalaron las orejas. Ay, oye, es que ya era *too much*, ¿no crees? Aquí entre nos, te lo juro que todavía no me entra en la cabeza cómo Bernardo Sepúlveda siendo una persona de tan buena familia y con tanta clase, este metido en este rollo. Para mí que ya se contaminó. ¿Sabes también porqué estoy como más *relax*? Porque gracias a la reelección de Reagan, John Gavin seguirá siendo embajador. Ay, ¿no lo adoras? Híjole, ese sí que es un tipazo. No me sorprendería para nada, que fuera, después de Reagan, el próximo presidente de los Estados Unidos. Oye *baby*, ¿tú crees que si se naturalizara mexicano tendría chance de ser presidente de México?

"Elegido por el PAN, *obviously*. Es que tiene todo para hacerla: facha, domina perfectamente bien los idiomas, tiene mundo, es de lo más sofisticado, se viste *divine*, y además tiene un carisma de lo más internacional. Te lo juro que todavía no entiendo, porque lo critican tanto. Ha de ser por puritita envidia y por acomplejados, ¿no crees? Mira, yo no sé mucho de política, pero creo que ahora que volvió a ganar el Partido Republicano esto va a fortalecer muchísimo al PAN. Híjole, creo que ahora sí ya la hicimos, *Thanks God*. Con Reagan como presidente de la potencia más importante del mundo, por lo menos tendremos garantizados cuatro años de paz, porque es obvio que seguirá poniendo en cintura a toda esa bola de centroamericanos que ni saben lo que quieren, por eso ahora sí les vamos a mandar los *marines*. Los pobres nada más no dan *one*. *Poor people*. Como dice Reagan, las elecciones que tuvieron en Nicaragua, fueron puro *show time*. Qué lección nos ha dado el pueblo norteamericano con esto, ¿no crees? Qué país tan democrático, tan nacionalista, tan honesto. Allá sí que nadie se roba los votos, ni hacen chanchullos, ni existe el dedazo, ni nada de esas cosas tercermundistas. Te lo juro que me dan envidia. Pero de la buena, ¿eh? Ay, no sabes, las ganas que tengo de irme de *shoopping*".

De pronto ví a mis tres hijos aparecer. "¿Por qué llegaste tan temprano mamá?" me preguntaron. "Por metiche" les contesté.

La Jornada, 5 de noviembre de 1984

TE ROGAMOS, SEÑOR

Anoche tuve un sueño extraño de verdad. Me veía dentro del templo de San José de la Montaña. Aquel que está muy arriba de Palmas, en las Lomas. La iglesia estaba llena a reventar. Se veía oscura, a pesar de la cantidad de veladoras que se quemaban frente al altar. El golpear de las gotas de la lluvia contra los vitrales, se confundía con el murmullo de los rezos de los fieles que absortos, repetían algo sin cesar. Entre la multitud, en seguida, reconocí a algunos de mis vecinos: "Ese del saco de *tweed* es el de enfrente, aquel de la gabardina es el que vive en la esquina. Aquella tan rubia, como Doris Day, que lleva suéter de cuello de tortuga, color pelo de camello y collar de perlas, vive en el 1255". Al verlos, iba identificándolos, uno por uno. Había también jóvenes, vestidos, con sus *jeans* de pana verde caqui, sujetados con el característico cinturón de Ortega, ese que es de piel y plata. De pronto, desde el fondo, la voz del sacerdote me pareció más clara. Fue entonces cuando puse atención a la siguiente letanía:

"Que siga ganando el PAN, te rogamos Señor, repetían todos. Que nos devuelvan la banca, te rogamos Señor. Que se traigan los restos de don Porfirio, te rogamos Señor. Que no se nacionalicen las escuelas privadas, te rogamos Señor. Que nos arreglen los baches de las Lomas, te rogamos Señor. Que desaparezcan las empresas descentralizadas, te rogamos Señor. Que sean juzgados y encarcelados todos los corruptos del gobierno, te rogamos Señor. Que Reagan pueda resolver los problemas en Nicaragua, te rogamos Señor. Que se destierre a Carlos Tello, te rogamos Señor. Que vengan a auxiliarnos las transnacionales, te rogamos Señor. Que las autoridades consulares del gobierno de Estados Unidos sigan apoyándonos, te rogamos Señor. Que se cierra la Universidad del Tercer Mundo, te rogamos Señor. Que desaparezca el PRI, que está lleno de nacos, te rogamos Señor. Que el Espíritu Santo ilumine a Rojas, te rogamos Señor. Que nuestros empresarios no desfallezcan, te rogamos Señor. Que a nuestros hijos, nunca les falte vestido y sustento, te rogamos Señor. Que la influencia de Clouthier tenga cada día más peso, te rogamos Señor. Que los de las patrullas particulares que contratamos no nos defrauden, te rogamos Señor. Que los del PSUM se vayan todos a Cuba, te rogamos Señor. Que "la gente decente", tenga cada vez más fuerza política, te rogamos Señor. Que Rivero Serrano continúe conservando su actitud digna de la UNAM, te rogamos Señor. Que Televisa siga aportando sano esparcimiento a los hogares mexicanos, te rogamos Señor. Que cesen las lluvias torrenciales, para que no haya más congestionamientos en el Periférico, te rogamos Señor. Que nunca falte agua para nuestros jardines y albercas, te rogamos Señor. Que prohiban, las huelgas en la UNAM, te rogamos Señor. Que el comunismo no se propague en el mundo, te rogamos Señor. Que el populismo oficial, desaparezca, te rogamos Señor. Que el Opus Dei siga incorporándose a las empresas públicas, te rogamos Señor. Que no vuelvan más obispos como Méndez Arceo, te rogamos Señor. Que Dios nos conserve e ilumine a Almeida y Talamás, para seguir ganando elecciones, te rogamos Señor. Que la cruzada de Juan Pablo II en Polonia sea un ejemplo para el mundo, te rogamos Señor. Que la Iglesia pentre en las fuerzas armadas y en la política, te rogamos Señor. Que los ministros del culto tengan capacidad legal para ejercer el derecho de voto, te rogamos Señor. Que desafueren a todos los que están afuera, te rogamos Señor".

Yo ya quería despertar. Por un momento dudé de estar realmente dormida. ¿Era esto la realidad o una pesadilla? Di la media vuelta y caminé hacia la puerta, triste y pensativa. Todavía a mis espaldas, escuché al padre decir: "El PAN nuestro de cada día, dánosle hoy y siempre y perdónanos nuestras deudas. . . " Después de repetir "compermiso compermiso" varias veces, por fin me encontré en la puerta. Salí y, gracias a las gotas de la lluvia, desperté.

unomásuno, 19 de junio 1983

LIZ-MEX

Fíjate tía que yo ya había oído la noticia desde el otro día por el radio, pero pensé que se trataba de un rumor más. Ay, tía, pero esta mañana cuando vi la foto de los dos en el periódico, no lo podía creer, sinceramente, no lo podía creer: "Liz Taylor se casará con el abogado tapatío Víctor González Luna". ¿Lo pasas a creer que me dio tanto gusto, que hasta la recorté? ¿Verdad tía que desde el nacimiento del segundo pandita no habíamos tenido noticias tan agradables como ésta? Sin exagerarte, pienso que últimamente se necesita ser bastante masoquista como para leer los periódicos. Ahora sí tía, "ya la hicimos", como dicen los muchachos, con esta boda. ¿Te das cuenta que el nombre de México está en boca de todo el mundo? Seguramente que a este muchacho Víctor lo entrevistará Johnny Carson, ese que sale en cablevisión. Vas a ver como la boda saldrá en la prensa internacional como en *Time*, *Newsweek*, *People*, *Hola*, incluyendo claro, el *Tele-Guía*. Hasta en el programa *Increíble* hablarán de cómo la conoció. ¡De verdad que es in-creí-ble tía! No me sorprendería que en el extranjero se vayan a poner de moda los maridos mexicanos, Dios quiera que sea este enlace un hermoso ejemplo para nuestros indocumentados,

a ver si de esta forma se nos compone la raza ¿no crees, tía? ¿Sabías que los González Luna pertenecen a una muy conocida y magnífica familia panista de Guadalajara? O sea que con este matrimonio se podría decir que el PAN se anota otro triunfo que, fíjate tía, curiosamente, también viene del norte. ¡Qué cosas tiene la vida! Una super estrella mundialmente conocida casándose con un abogado tapatío. Ya ves cómo son los de Guadalajara tía, cuando no consiguen algo, lo arrebatan. ¿Tú no crees que ella desea quizá cambiar el estrellato por el anonimato? Porque allá en Guadalajara se llamará Isabel T. de González. Qué curiosos son los artistas, ¿verdad? Vas a ver tía, como al cabo de algún tiempo, todo el mundo acabará llamándola "Chabelita". Así somos de informales en México, de a gusto pues; lo familiar se nos da mucho, sobre todo en provincia. No hay duda que el destino existe. Quién iba a decir que mientras este muchacho tapatío hacía su carrera de jurisprudencia, Chabelita, hacía la suya, cinematográficamente. A ver ¿quién? Cuándo se imaginaron los Gonzáles Luna que uno de sus hijos acabaría casándose con una actriz siete veces divorciada. A ver ¿cuándo? ¿Tú crees tía que tuvieron que pedirle permiso al Papa? Pero, en fin, así es la vida ¿verdad? Bien dice aquel dicho: "matrimonio y mortaja, del cielo baja". Ya ves, yo no me he casado ni una sola vez, porque no era mi destino. Pero mira tía, será muy el octavo, pero eso sí, el primer mexicano, ¿no crees? Lo que es muy importante es rogarle a Dios que no se divorcien, tía, que no se les vaya a ocurrir semejante tontería, porque sería de lo más nefasto para la sociedad tapatía, además claro, de que es pecado. ¿Te imaginas una González Luna divorciada? Deseo con todo mi corazón, que este matrimonio con Víctor, resulte el más victorioso de todos. No se me vaya a estrellar este muchacho, por casarse con una estrella. De ahora en adelante, no los olvidaré en mis oraciones.

¿Y qué me dices del anillo que le regaló? Un diamante de 16.5 kilates. ¿Cuál será tía, de los ocho, el de más kilates? Oye y hablando de kilates, ¿como cuántos kilotes crees que pesa Chabelita? Reconozco que de cara sí es chulísima, pero tengo la impresión de que está un poquito pasadita de peso ¿no crees? Esperemos en Dios que no engorde más con el pozole ni con las tostadas. ¿Verdad tía que la comida mexicana es muy engordadiza? Aquí en la foto, él se ve así, con tipo de gente decente y ella hasta eso, se ve como muy dulce, parece buena persona. ¿No crees, tía, que sería una magnífica oportunidad para los Estudios Churubusco contratarla y así poder pagarle en pesos mexicanos? Hasta podría filmar una telecomedia cultural para el canal 8. Por ejemplo, aprovechando su acento, podría reproducir las Memorias de la marquesa Calderón de la Barca ¿verdad?

Ay, tía, creeme que estoy encantada con este matrimonio. Estoy segura que hasta las relaciones de Estados Unidos y México mejorarán. Ya verás. ¿Tu crees, tía, que será su primera noche iguanas ranas que las demás? Discúlpame, no fue mi intención ofenderte. Es que se me pega la forma de hablar de los muchachos de ahora. A mí me gustaría que invitaran al señor John Gavin y a Pablo Emilio Madero como testigos de la boda. Seguramente que asistirán Silvia Pinal y Tulio Hernández, Mario Moreno.

¡Qué ilusión, tía, qué no daría yo por ir a esa boda! Ay, tía, creeme que estoy fascinada por ellos. Hacen una pareja chulísima. Se ven tan contentos en la fotografía. Me da tanto gusto por el PAN. Acontecimientos sociales de este tipo lo fortalecen. También tía, estoy feliz por Guadalajara. Esto le traerá mucho turismo. Todo el mundo querrá conocer la casa de Chabelita T. de González. Desde ahora habrá una estrella más en el cielo tapatío y una nueva luna brillará como nunca. ¡Ay tía qué romántico, que Dios los bendiga!

unomásuno, 16 de agosto de 1983

LA BUENA VIDA PARA LOS SACONES

La semana pasada, en este mismo espacio, escuchamos algunas voces representativas de la burguesía mexicana. Eran voces de víctimas, voces resentidas, voces dolidas, pero sobre todo, voces de patriotas defraudados y confusos. ¿A qué clase de la burguesía pertenecían tantos lamentos y quejidos? Nada menos que a la de los sacadólares. De todos los mexicanos, son los más enojados e indignados con la crisis económica por la que atraviesa el país. Por eso ahora para tranquilizarlos, me permito transcribir un índice de inflación aparecido en un diario americano con el título: "*Cost of Living Well Index*", que seguramente les causará gran alivio. Este índice dirigido para los que se la pasan "capulina", es decir, los que saben vivir la "Buena vida" demuestra que el costo de lo que se detalla allí subió tan solo entre febrero y marzo de este año: .0016. No hay que olvidar que la inflación que se espera en los Estados Unidos para 1986, es del cuatro por ciento.

Los conocidísimos chocolates kron siguen costando 30 dólares la libra, es decir: 14,400 pesos, 460 grs. Sin embargo las trufas francesas subieron 4.99 dólares la onza, ahora 28 grs cuestan, 16,795.20 pesos. También subió 7 centavos de dólar, el champagne

Roederer Cristal; en febrero costaba 59.88 dólares y ahora en marzo vale en pesos: 28,776.00. Gracias a Dios, los zapatos *Gucci* siguen costando 175 dólares, igual a 84 mil pesos. El impermeable Burberrys, no subió: 575 dólares; son tan solo 276 mil pesos. El abrigo de piel *Russian sable*, tampoco aumentó su precio. Todavía lo espera en su tienda preferida en 40 mil dólares. Si usted hiciera el mismo cheque en México, serían: 19.200,000.00. Afortunadamente tampoco subió en marzo el reloj *Diamond Piaget Polo*, sigue con el precio de 35 mil dólares. Un reloj diferente y de buen gusto por tan solo 16.800,000.00. La onza de perfume más caro del mundo se ha mantenido en el mismo precio. Por 96 mil pesos, puede usted seguirse perfumando con *Joy*. ¿Todavía no sabe qué coche comprarse en los Estados Unidos? No hay nada como el Rolls Royce Corniche. Desgraciadamente este modelo sí subió 500 dólares. En lugar de pagar 163 mil dólares, ahora serán 163,500. Claro en pesos son 78.480,000.00, quizá sea un poquito excesivo. ¿Por qué no comprar en ese caso un *Maserati Quattroporte* que no subió un centavo en el mes de marzo? Para su fortuna, sigue costando 36.820,800.00. "Ay, pero es que no tengo chofer en Nueva York y a mí me cansa mucho manejar", dirá usted con razón. Pero también en este índice aparece el precio de un *Chauffeured limousine* el cual no ha sido aumentado. La hora del alquiler de un chofer negro cuesta: 43.75 dls. ¿Qué son para usted 36,820.00 pesos por el gusto de pasearse durante una hora por Central Park? ¡Bendito sea Dios! tampoco han subido los honorarios de un mayordomo. Una hora sigue valiendo 12.00 dls. Para los que se van a Nueva York a pasar Semana Santa pueden seguir yendo a cenar a *Lutece* por tan solo 200 dólares por dos personas. Es decir que por 96 mil pesos cenará mil veces mejor que en la Mansión de las Lomas. Bueno pero si quiere algo más económico está el famosísimo *Lion D'or*. Allí con todo y vino por dos personas, le costará igual que cuando fue usted, hace unos meses: 125 dólares. ¿Todavía no tiene reservación de hotel y no sabe si subieron mucho los precios? Tranquilo. La suite Principal del hotel Pierre de Nueva York vale lo mismo: 1,100 dólares por noche (con IVA incluido), 528 mil pesos sin desayuno. ¿Va usted a ir a Washington y de allí a Londres? Pues váyase en el Concorde, para que llegue más rápido. Sus precios no han subido: 2,471 dólares nada más de ida. Por el regreso tendrá que pagar 1.186,080.00. Ahora bien, si decide irse de París a Nueva York también en Concorde, pues nada más tendrá que hacer un cheque por 2,148.00 dólares (one way). Por favor no se le ocurra querer saber cuánto es en pesos mexicanos porque a la mejor se asusta y prefiere irse por PANAM. Seguramente muchos de los sacadólares ya están con un pie para irse corriendo a Vail. Pueden estar tranquilos por el cupón para una semana de *Skilitf*, sigue costando 189 dólares. Es un poquito más caro que el metro mexicano, pues por 90,720.00 varias generaciones de su familia podrán viajar 248 años. El último precio al que se refiere el índice es al precio de un cuarto por una noche en el Hotel Palace de St., Mortiz. Este precio, desafortunadamente para su fortuna, si subió. En lugar de pagar 551.76 dólares, tendrá que firmar un poquito más de *travelers cheks*, es decir: 3.74 dls. Pero no importa, porque por tan solo 266,649.00 por una noche, usted podrá dormir tranquilo pensando que solamente subió .0016 y que sus dólares siguen bien seguros en el Bank of America. *¡Congratulations!*

La Jornada, 22 de marzo de 1986

PAGAS EL VINO, LAS CEREZAS Y EL GRUYERE

¿Sabes qué gordito? ¿Te acuerdas de los treinta y cinco mil pesos que me diste el lunes pasado? Bueno, pues fíjate, que nada más me quedan $1,600.00 y como comprenderás, con eso no puedo acabar la semana. Ay por favor no me hagas esa cara, te lo juro que todo está carísimo. Yo creo que toda la familia va a tener que volverse vegetariana, la carne está, carisísima; fácil por semana estoy gastando cerca de diez mil pesos y eso que a las muchachas les compro puros bisteces que venden de oferta en el super.

Ayer justamente fui al super a comprar nada más lo imprescindible, bueno, pues pagué una fortuna. ¿Cuánto crees que cuesta el kilo de tu jamón serrano?: $ 3,500.00. No te preocupes, compré sólo un kilo para tus tortas con aguacate y tu melón. También el queso gruyere está por las nubes; un kilo lleno de agujeros cuesta $ 1,685.00. Tuve que comprar dos, porque tú sabes que los niños no meriendan otra cosa más que quesadillas de tortillas de harina. El queso oaxaca no lo soportan porque dicen que derretido se les mete entre los frenos. Te dije que mi mamá viene a comer mañana ¿verdad?, entonces compré unos camarones de-li-cio-sos, los pienso servir con arroz y salsa de curry. Ay gordo, me deberías de haber visto frente al mostrador de los mariscos, no tienes idea lo que sufrí, para decidirme a comprar entre el camarón gigante a $ 3,999.00 y el chico de $ 1,749.00. Después de mucho reflexionar, de plano me incliné por el grandote. Primero, porque sentía como que me hacían ojitos y me conquistaron ¿no? Y segundo, porque siendo más grandotes, pensé que nos íbamos a llenar más pronto, por menos.

Híjole, ahora sí que estoy sintiendo la inflación en carne propia. Te lo juro que por las noches no duermo, pensando que nos estamos empobreciendo. Mira gordito, de plano te pones a ganar más dinero o bajamos de categoría, y eso sí que no te lo perdonaría jamás. Bueno, pero déjame seguirte haciendo mis cuentas; compré también la comida de la perra. ¿Sabes cuánto vale una bolsa de Chown?: $750.00, misma que la Wiskey se acaba en dos días. Fíjate que ya están vendiendo con la marca libre, pero de plano se me hizo horrible comprar esa marca, ay oye pues ni que nuestra perra fuera callejera ¿no crees? Aparte de eso, no compré nada más que tres botellas de vino blanco "made in México" mi Harper's Bazaar, el último Vogue y mi revista Hola. Saliendo del super, pasé al mercado sobre ruedas que se pone en Tarahumara. Te lo juro, gordo, que hice mi mercado como siempre, pero no sé qué pasó pero veía salir de mi cartera billetes y billetes de mil pesos. ¿Me creerás que prácticamente nunca recibí un cambio? Estoy segura que todo lo subieron desde que se aumentó el salario mínimo.

Ultimamente todo el mundo se está compadeciendo por los pobres, pero nadie compadece a la clase privilegiada que también está perdiendo su poder adquisitivo. A eso llamo: injusticia. Si supieras lo caro que están las frutas y las verduras. Mira, mejor ya no nos volvemos vegetarianos porque nos morimos de hambre. Fíjate, el kilo de manzanas americanas que vienen directamente desde Washington y que siempre he comprado, ahora está a $ 700.00. De plano, tuve que comprar tres kilos, para hacerlas compota, porque ahorita los niños con sus frenos, los pobrecitos no pueden comer otra cosa. El kilo de aguacate está a $ 400.00, las ensaladas francesas a $80.00 cada una, un manojo de alcachofas cuesta $ 800.00, el de espárrago está a $ 450.00. Ay gordo, debo de confesarte algo, me compré un kilito de cerezas a $ 1,300.00. Ay por favor no me veas con esos ojos, porque si no, no te convido ni una. Además ya me las acabé. Fíjate que me he fijado que últimamente, un kilo ya no pesa un kilo, pesa 800 grs. Te lo juro. Me da la impresión, como que junto con el peso, se ha venido devaluando el kilo por eso ahora compro un kilo y medio de todo. Además los marchantes ahora ya no te dan ni tu pilón, ni te dan a probar de la fruta, como lo hacían antes. Se han vuelto, además de desconfiados, super codos. ¿Te acuerdas que antes hasta me fiaban? Pues ahora te dicen: "No clientita, ya no damos crédito reina". Ay, por cierto, Beto el de las verduras, me dijo que si querías dólares él podría conseguirte la cantidad que quieras y a muy buen precio.

Bueno gordito, entonces ¿me das dinero por favor? Todavía tengo que comprar el postre para mañana. . .

Punto, 18 de junio de 1984

UNA HAMBURGUESA DOBLE

En un lugar de la capital, de cuyo nombre no quiero acordarme, existe una sucursal de una taberna, a donde en forma frecuente acudía, en los ratos en que estaba ocioso y hambriento, el Burgués Boy. Estudioso en leyes, este caballero era "toda una dama". Se daba entonces a comer regias hamburguesas dobles con tanta afición y gusto que hubo ocasiones en que sufrió de desagradables indigestiones que le producían divagaciones extrañas.

Este sobredicho Burgués Boy, a pesar de su enorme rango e importancia nunca llevaba con él guaruras. "Me protege Jesucristo, por eso no me puede pasar nada" acostumbraba decir.

Una tarde frente a la ventana de la taberna, mientras leía la Constitución y comía su hamburguesa doble con salsa americana, súbitamente, empezó a exaltarse; "Pancho, Pancho" gritaba al mesero, "Pancho amigo", ¿ves allí, treinta o pocos más gigantes corruptos, desaforados, con quien pienso hacer batalla y quitarles propiedades? Esta es buena guerra, y es gran servicio de Dios quitar tan mala simiente de sobre la faz de la tierra.

—"¿Qué gigantes corruptos?" dijo Pancho Barrigón

—"Aquéllos que allí ves, respondió Burgués Boy —aquellos de los ojos fosforescentes".

—"Mire, don Burgués —respondió Pancho— que aquello que allí se parecen no son gigantes corruptos, sino semáforos, y lo que en ellos parecen ojos, son las luces que iluminadas hacen circular y parar los coches".

—"Bien parece —prosiguió don Burgués— que ya no ves claro y que tienes miedo. Lo que sucede, es que no eres hombre, porque en México, ya no hay hombres y yo que amo a mi país, y a mi prójimo como a mí mismo, lucharé por esta causa aun si llegaré al martirio".

Decía esto reflexivo, mientras saboreaba su hamburguesa doble con queso amarillo.

—"No habrá hombres en México pero ¿qué tal machos? Lo que pasa don Burgués, es que usted es como la hamburguesa doble que se está comiendo, usted tiene dos personalidades, una demasiado idealista y otra un tanto ambiciosa— le dijo Pancho.

—"Lo que sucede hermano, es que la extraño desde que se fue, dijo Burgués Boy.

—¿A quién, a Dulce María?

—"No Pancho, a la Banca. Se la llevaron, y en su lugar, nos dejaron 82 mil millones de dólares como deuda externa. No puedo permanecer indiferente ante esta injusticia"

Recuerda, que yo represento a todos los Burgués Boys y Burgués Girls del país.

¿Tú creés en mí verdad Pancho? porque soy auténtico y sincero ¿verdad?

—"Cálmese don Burgués, cálmese no hay que olvidarnos de la Renovación Moral, ella se encargará, ya verá usted". ¿Le traigo otra hamburguesa?

—"Pero Pancho, lo único que han renovado hasta ahorita, ha sido la Constitución. Debemos crear conciencia entre el pueblo, debemos despertarlo, sacarlo a como dé lugar de su letargo" dice don Burgués, con las venas del cuello abultadas.

—"Ay, don Burgués, mire nomás qué mancha se ha hecho en su corbata con la salsa de jitomate", exclama Pancho a la vez que trata de limpiarsela con la servilleta.

—"Calma, amigo Pancho, que las cosas de la guerra son serias. Hay que cercar a los sinvergüenzas, los cercaré con el derecho, que representa mi lanza".

En esos momentos, se levanta de golpe y se dirige hacia la salida. Sale a la calle y con el tenedor empuñado con furia, se va contra el semáforo, vociferando, con los ojos desorbitados: "Me las pagarán, me las pagarán".

—" ¡Válgame Dios! Clamó Pancho, —no le dije, don Burgués que mirase bien lo que hacía, que no era más que un semáforo. Andele, váyase a su casa. Un caballero como usted no debe de hacer el ridículo. Tómese una buena siesta y descanse, que buena falta le hace, —le dice Pancho mientras lo acompaña hacia su coche.

Don Burgués con la figura triste, desencajada, sube en el automóvil de cuatro caballos el cual bajo los rayos del sol, lucía rozagante. Aprieta el acelerador a todo lo que da. Pancho Barrigón lo ve alejarse y regresando hacia la taberna, de pronto se lleva la mano a la cabeza y exclama.

—"Chín, se me olvidó cobrarle las hamburguesas. . . "

unomásuno, 10 de noviembre de 1982

LA GENTE BIEN ANTE LA CRISIS

Debo reconocer que cuando me hablaron del ITAM para hablar sobre "La gente bien frente a la crisis", me llamaron la atención dos cosas: la primera, el título de la conferencia y, la segunda, el que esta iniciativa viniera de una universidad, cuyo prestigio y alto nivel académico es ya conocido. Entonces, me dije: "seguramente se trata de universitarios que además de ser muy preparados, han de ser muy *nice*, ya que la persona que me llamó, hizo mucho hincapié en un artículo que escribí hace algunos meses, a propósito de las diferentes categorías de niñas y niños bien".

Intentaré pues, en la medida de mis posibilidades, hacer una radiografía rápida de esa "gente bien", es decir, la "gente decente", la GCU, "gente como uno" que, de pronto, de la noche a la mañana, se encontró completamente "desprotegida". Además de sentirse defraudada, está sobre todo muy indignada porque "el México de antes ya se acabó" ¿Cuál es entonces ese México al que se refieren? El mismo que los tenía en una jaula de oro pendiente de un balcón. Desde allí todo lo veían color de rosa.

Viajaban cuantas veces lo deseaban: en el extranjero estudiaban, decoraban sus casas, surtían sus despensas personales, se instruían, se superaban; todo el mundo se conocía entre sí, no había tantos nacos, aquellos que leían el periódico, concentraban su atención en la sección de sociales, no había inflación, no diferenciaban bien a bien entre Centroamérica y Sudamérica. En fin, estaban muy contentos, colaborando en administrar la riqueza del país. Pero de pronto, a partir de los primeros meses de 1982, las cosas empezaron a cambiar. Viene la primera devaluación, luego la segunda, los mexdólares, el control de cambios, la deuda externa y para cerrar con broche de oro, la nacionalización de la banca. ¡Y que se cae del balcón la jaula de oro! Provocando un tal shock del cual obviamente todavía no se recuperan, ni moral, ni económicamente.

A continuación les leeré algunas de las reflexiones que se escuchan en este sector social, a propósito de "lo bajo que ha caído su México", desde que se inició la crisis:

"Híjole, en este país, ya no se puede vivir". Esto lo dicen con respecto a todo: la circulación, los robos, la falta de agua en el Pedregal y en Las Lomas, porque no encuentran reservación en Aeroméxico para irse a Aca, porque no regresó la *maid* a trabajar el lunes, etcétera. Entre las "niñas bien" hay algunas que dicen: "De pensar que me tengo que vestir en México, se me revuelve el estómago". Como ellas son de la "élite", no conciben la idea de comprarse algo en Liverpool. Lo máximo que aguantan es una que otra playera de Aca Joe, o bien de Pixie, claro porque estas marcas están básicamente influidas por Estados Unidos.

La señora de las Lomas, que antes viajaba seis veces, ya sea a San Diego o a Europa, ahora lo hace solamente cuatro y opina: "Qué bueno que se devaluó el peso porque ya no va a haber tantas colas de nacos para esquiar", o bien. "¿Te has fijado que es la gente *low-cast* la que aprueba la nacionalización de la banca?" Ella en su sicología relaciona nacionalización con comunismo y este, con los cubanos de cuarta que se quedaron en Cuba, porque sabe que toda la "gente bien" salió cuando entró Fidel. Esta clase de gente sigue entonces viajando, envía su dinero a su cuenta en el extranjero y jura que es la corrupción la causa de todos nuestros males. Lo que les inspira más frustración (y con ella culpa, ya que la frustración genera impotencia, y al sentirse impotente, se siente uno culpable), es la falta de credibilidad del gobierno. Dicen : "¿por qué diablos voy a creer en ellos, si me engañaron, si nos robaron tanto? Fue por nuestra culpa, por tontos que somos los mexicanos. López Portillo, se burló de mí, yo creía en él. ¿Tú no crees que fue una mentada de madre la nacionalización? Sí, nosotros permitimos la corrupción, por eso estamos como estamos".

Cuando leen el reportaje sobre Durazo en *Proceso*, lo que más les indigna es el costo del Partenón, difícilmente reparan en los muertos que aparecieron en el río Tula y de los cuales también Durazo es de alguna manera responsable. Para ellos la corrupción es un crimen más grave, porque se puso en juego su patrimonio, es decir, los impuestos que pagan y que "sólo sirven para enriquecer a los políticos corruptos".

También tenemos la categoría de aquellos que sí están dispuestos a adaptarse a la nueva realidad. Las señoras, pues, se reúnen entre ellas para analizar la Constitución y conocer más de cerca la historia de México. A muchas de ellas, me las encuentro en el mercado sobre ruedas con *El laberinto de la soledad* bajo el brazo. Otras se devoran *Aztec* para tratar de entender nuestras debilidades. Ya no se precipitan sobre la sección de los sociales, sino que hacen un esfuerzo y leen a López Dóriga, Manú Dornbierer y a Pérez Stuart. Siguen muy de cerca los triunfos del PAN, porque odian al PRI. Mandan a sus hijos al "camp pipiol" y dicen "el otro día, en Liverpool, encontré una marca de medias que no está tan mal". Lo que las tiene aterradas es, sin embargo, la posible estatización de las escuelas privadas y los posibles problemas sociales que pudieran surgir. Muchas de ellas apoyaron efusivamente la invasión de Granada. Dicen: "Si no fuera por Reagan, el mundo entero sería comunista".

En México no se ha producido aún "cacerolismo", como el que existe en Chile. Sin embargo, las señoras *bien* cada día están más conscientes de sus derechos, y ahora los reclaman. Una prueba de ello fue la manifestación que se llevó a cabo en la Avenida de las Palmas, para protestar contra la construcción de una enorme torre. Asimismo, en varias ocasiones, pequeños grupos de amas de casa, de señoras *super bien*, hace su "plantón" frente a las puertas de Los Pinos, con pancartas, atacando la inflación y la carestía de la vida. Ahora les sale muy caro comprar: Prontoalla, limpia hornos, papel de aluminio, aerosol olor a pino, angulas y güisqui de importación. Aparte del reciente aumento de la acción del Country Club. Muchas de ellas se propusieron ser jefas de manzana, y resultan muy eficaces. Les encanta ir a la delegación y con voz enérgica pedir explicaciones acerca de la impuntualidad de los carros de basura, o piden se sancione a los polícias de las embajadas que osan hacer sus necesidades en las barrancas de las Lomas.

Para finalizar, diré que esta falta de identidad y de sentido social y cívico más el proceso de concientización que se empieza a advertir entre la "gente bien", son los factores que más me interesan. Por esta razón, siento una profunda responsabilidad de poder colaborar en *unomásuno*. No es usual que un artículo como el de las niñas bien haya causado tanto interés, por publicarse en un periódico con la línea ideológica como la de *unomásuno*. Allí apareció como una denuncia, una crítica social. En cambio, si este mismo texto se publica en un diario de derecha, su intención se diluye y hubiera quedado exclusivamente en un nivel anecdótico. Ocuparme, pues, del mundo de la "gente bien", es una manera de desdorar todas aquellas jaulas que tiempo atrás pendían de un balcón, incluyendo la mía.

unomásuno, 15 de noviembre de 1983

LA GORDA EN PATINES

Ayer por la mañana, al entrar al supermercado, me la volví a encontrar. Desde hace unas semanas, me topo con ella en todas partes. Siento como que me sigue, que me espía, como que me está esperando a donde voy. Se trata de una gorda, pero de una gorda particularmente desagradable. Por cierto, siempre que tengo la desgracia de encontrármela, está comiendo. Por esta razón, cada vez me parece más gorda. Ayer, cuando la ví de lejos entre los pasillos, traté de evitarla lo mejor que pude. Tomé mi carrito y me dirigí al fondo del super, donde se encuentran las bebidas. Al querer alcanzar una botella de vino rojo de Los Reyes, mis ojos se toparon con los suyos. Estaba del otro lado del pasillo detrás de las bebidas. Me miró, me sacó la lengua y se fue volando, porque ahora usa patines. Así me estuvo persiguiendo, durante todas mis compras. Hubo momentos en que pasaba rápidamente a mi lado y hacía como si me jalara la bolsa. "Pero, ¿por qué diablos me sigue así esta gordinflona?", me dije. Furiosa, fui a quejarme directamente con el gerente: "Señor, ¿cómo es posible que deje entrar a esa gorda al super? ¿qué no se ha dado cuenta de cómo agobia a toda su clientela? Además de gorda, es odiosa e impositiva". No podemos evitarlo, señora, me dijo. Ya hemos recibido muchísimas quejas. Ha habido veces que hemos querido sacarla, pero corre más rápido que nosotros. ¿No se ha fijado, señora, que anda en patines especiales de carreras? Dígame si a veces no parece, que hasta vuela. Discúlpeme, señora, pero no hay quién la saque de aquí". Indignada, seguí haciendo mis compras, y la gorda, seguía dando vueltas y más vueltas alrededor mío. Ya no la aguantaba. Me dí cuenta de que todos los que estaban comprando, se tropezaban con ella. Siempre va vestida igual: lleva una minifalda, con una playera sumamente ajustada en ella. Sobre sus dos pechos enormes, tiene una inscripción que dice: "la incontrolable". Para colmo, me he fijado que se ha hecho íntima de todas las cajeras. A todas les habla de "tú". Cuando no se la pasa corre y corre por todo el super, está platique y platique con cualquiera de ellas, muerta de la risa. Finalmente, llegué a formarme en una de las cajas. Quise hacerme de la vista gorda (como ella), haciendo como que no la veía, pero justo cuando tocó mi turno, se acercó y se me quedó mirando fijamente. Al pagar esa cuenta, tan gorda, me volvió a sacar la lengua y patinando, desapareció.

Mientras manejaba, de regreso, me acordaba de ella y la insultaba mentalmente: "Gorda horrible, a todos, nos estás haciendo la vida imposible". Así de enojada, pasé a la tintorería a dejar los trajes de mi marido, y en el momento en que el muchacho se disponía a hacerme la nota, una mano regordeta, llena de grasa, le estiró la pluma. ¡No, no! ¿cómo era posible que hubiera llegado antes que yo? Me entró un coraje espantoso. Quise insultarla en su cara hinchada, pero no pude decirle nada. Debo admitir que entre más me la encuentro en mi camino, más se me impone y más me siento impotente frente a ella.

Ese día tenía cita con una amiga en un restaurante en el sur. Le platiqué lo de la gorda en patines; que ya no la aguantaba, y que me seguía por todas parte. Me dijo: " ¡No es posible! ¿A ti también te sigue? No sé por qué me imaginé que todavía ni la conocías. Olvídate, si está detrás de todo el mundo. Ultimamente, a donde vayas te la encuentras. Fíjate que el otro día, fui a comprar los uniformes y útiles de los niños y casi me atropella. Con decirte, que se vino contra de mí, a toda velocidad: por tantito y nos aplasta. Fue horrible. Hace poquito me la encontré en el dentista y donde siempre está es en el mercado sobre ruedas. Por eso le gusta andar siempre en patines, porque los recorre todos. Oye, ¿no te has fijado que cada día engorda más? Para mí que va acabar subiendo otros cien kilos. Tengo la impresión de que no hay quién la controle y como anda en patines, pues ni quién la alcance".

Cuando nos trajeron la cuenta, clarito sentí que andaba rondando por allí. Con cierta angustia, miré de un lado a otro y en efecto estaba sentada frente a un enorme plato de enchiladas suizas.

—"Mírala, allí está, dijo mi amiga, con ese apetito, te lo juro que va a terminar como su prima hermana, la argentina, esa parece que sube hasta 300 kilos al año".

Esa tarde me fui a mi casa con una depresión tan gruesa como la gorda: Pensé: "va acabar por aplastarnos a todos. Sobre todo a los más flacos".

De pronto, en el periférico, detenida por un embotellamiento, la descubrí a lo lejos. Con todo y casco, iba y venía entre los coches jugando a las carreras. Sus patines echaban chispas. Todo el mundo comenzó a tocar el claxón, pero a ella, las protestas no le importaban. No aguanté más y bajé el cristal de mi ventana. Comencé a gritarle: "Eres nuestra peor enemiga, todo el mundo te detesta, deja de comer gorda asquerosa, deja de provocarnos, 'pinche inflación'.

unomásuno, 20 de octubre de 1983

LA GORDA SIN PATINES

Aprovechando el clima de la feria del libro para niños, quisiera contarles un cuento. Este es un nuevo episodio de la historia de una señora conocida como "la Gorda en patines". No obstante su corta estatura, llegó a pesar a fines de noviembre de 1982 un poco más de 150 kilos. Fue una de las peores épocas de su vida. Nunca la sociedad la había rechazado tanto. Y ella, entre más la repudiaban, más comía. No podía evitarlo. Por las mañanas, desayunaba media docena de huevos a la mexicana, con frijoles, tres platos de machaca; acompañado todo esto por dos kilos de tortillas de harina y ocho vasos repletísimos de espumosas pollas. Durante el resto del día patinaba por las taquerías y por las noches iba a cenar en los restoranes más caros de la Zona Rosa o de Reforma. Cuando la gente la veía, decía: "Guácala, allí está otra vez. ¡Cómo es posible que nadie le diga que deje de comer; que nadie la controle!".

Todo el mundo la citaba como un ejemplo raro. Nadie se explicaba cómo con su peso excesivo se le veía correr a grandes velocidades por dondequiera. Tantas energías llegó a acumular, que por esos días superó el récord de rapidez en patinaje (pues en eso, en los patines, consistía el secreto de su velocidad). Fue entonces cuando la prensa internacional comenzó a hablar de una famosísima mexicana, "la Gorda en patines", aunque se refería con mucha más frecuencia a sus primas, la argentina y la chilena, muchísimo más gordas que ella (lo cual era lo único que la consolaba). No obstante su popularidad mundial, en su propio país nadie podía verla ni en pintura. La odiaban todavía más cuando la veían aparecer diariamente como invitada de honor en los noticiarios de la televisión, y retratada en los periódicos y revistas luciendo más gorda y sonriente cada vez, con minifalda y los velocísimos patines bien sujetos a los tenis.

Los días pasaban, y su fama aumentaba con su peso. Sin embargo, la Gorda no era feliz. Había en sus ojos, exageradamente maquillados y recargados por las pestañas postizas, una mirada profundamente triste. Por las noches, mientras se mordía las uñas de los pies y de las manos regordetas, lloraba desconsoladamente:

" ¡Nadie me quiere, por gorda! ¡Todos me rechazan! ¡Tengo que ponerme a dieta! —decía mirándose ante el espejo. ¿Pero cómo voy a quitarme todas estas llantitas, estas de aquí y de aquí? ¡Y pensar que un día fui delgada!", exclamaba, tristísima, entre sollozos.

Se le ocurrió entonces ir a la Corsetería Francesa, a comprarse una superfaja de varillas para disimular toda su gordura. Fue inútil: nunca encontró una de su tamaño. "Esa talla no la fabricamos", le dijo la empleada.

Entonces la pobre Gorda recurrió a una clínica de *wait-watchers*. Allí el presidente del instituto le dijo: "Señora, usted no puede continuar con ese sobrepeso. Se ha convertido en una amenaza para la sociedad. Permítame sugerirle una dieta rigurosísima. De lo contrario su vida está en peligro. Póngase en nuestras manos. Nosotros la vamos a adelgazar. En primer lugar le vamos a quitar sus patines", le dijo el presidente.

—"¡No, no, no!", gritaba la Gorda. "¿Entonces con qué voy a correr?".

—Cálmese, cálmese. Por lo pronto le vamos a quitar un patín, para que no vaya tan rápido, le explicó el presidente.

A regañadientes, la Gorda aceptó la dieta que se le impuso. Diariamente, además, la obligaban a hacer dos mil abdominales. Durante seis horas le daban masajes y la ponían en un baño de vapor durante tres horas. Sufrió como condenada. Extrañaba sobre todo sus patines, pues ya le habían quitado también el otro. Pero seguía con hambre, y comiendo siempre que podía.

El resultado es que sigue cada vez más gorda, aunque en el instituto digan que está adelgazando.

"Está bajo control. En lo que va del año ha bajado cerca de sesenta kilos. Para 85 se espera que adelgace 35 kilos más. Si sigue este ritmo, podría inclusive participar en el próximo concurso de Miss Universo", declaró muy ufano el presidente del instituto en días pasados. No obstante, sabe que la Gorda, sin patines, sigue comiendo a escondidas.

Y colorín colorado. Este cuento de la inflación *no* ha acabado.

La Jornada, 18 de junio de 1985

LA CAJETA ¡SI!

Cero y van tres. Sí, ya van tres veces que me sucede lo mismo, con intervalo de quince días aproximadamente. La primera, me tomó de sorpresa y se lo atribuí a mi distracción y obviamente a la inflación que diario a diario nos está chupando. La segunda, sentí horrible, pues había mucha gente esperando que avanzara la cola. A pesar de la paciencia de la cajera, me sentí torpe y ridícula. ¡Ay!, pero la tercera vez, esa sí que fue para llorar. Ese día justamente había puesto una atención particular en seleccionar mis compras. Inclusive había llevado una lista de lo que necesitaba. Recuerdo que mientras me paseaba con el carrito por el super, me sentía super-organizada y super-buena ama de casa. "Ahora sí que no me vuelve a suceder", pensé. Había comprado varios artículos de marca libre para compensar gastos; en lugar de carne, llevaba pollo y había procurado no excederme en latas.

Para no hacerles el cuento largo, le dije a la cajera: ¿Cuánto dice

que és? Cinco mil novecientos sesenta y cinco pesos con sesenta centavos ¿Qué? No es posible señorita. ¿Se habrá equivocado? Me miró con tanta seguridad, que en seguida pensé que la equivocada era yo. ¿Qué no estarán reetiquetando la mercancía, señorita? ¿Quiere hablar Señora, con mi jefe?, me preguntó. Abrí mi cartera y con infinita lástima conté los cuatro billetes de mil. En ese momento la voz de mi marido apareció entre latas, bolsas de plástico y desodorantes: "acuérdate que estamos apenas a día 20"... Híjole, me quise morir al ver todas mis compras dentro de sus respectivas bolsas entre las manos del muchacho que se disponía a ayudarme. Ay, por favor, ¿me sacas algunas cosas?, le dije con voz tímida: Quita el pomo de Knor Suiza (debí de haberlo comprado en forma de cubitos, pensé). También el champú y el enjuague, el rollo de papel de aluminio. (Que más de aluminio parece ser de plata, cuesta $345.00) ¿Sacamos la cajeta señora?, esa es recara, me dijo el muchacho con tono solidario. No, porque a los niños les encanta. A ver, ¿qué más? ¿qué más? me decía, mientras buscaba yo también dentro de las bolsas. De pronto, sentí una mirada de pistola detrás de mí. Era la de una señora que llevaba un *jump-suit* color mamey, que parecía cada vez más impaciente: "pues qué ¿no tiene tarjeta de crédito o chequera?, preguntó con actitud de total desprecio. ¡Híjole!, me dio una pena decirle que me la habían cancelado por haberme excedido. "Se me olvidó" le contesté.

Bueno, pues seguí hurgando junto con el *cerillo*, dentro de las bolsas. Saqué los clínex, "ya me desmaquillaré con papel de baño" pensé. ¿También los rollos del excusado?, preguntó mi único amigo, en ese momento, el *cerillo*. No, ese sí es indispensable... le dije en tono filosófico. Volví a ver a la Sra. Mamey deportiva, quien me miró con una sonrisa forzada. ¿Cuánto va ahorita?, le pregunté a la cajera. Con sus uñas perfectamente bien limadas, con esmalte color uva, empezó a oprimir teclas y más teclas. "Todavía le falta señora. Aún le restan, mil ciento sesenta pesos con sesenta centavos". En esos momentos juraba que la Sra. Mamey me iba a echar dos balazos con sus ojos. Sentía como que el tiempo se hubiera atorado en la máquina, la cola era larguísima, yo estaba completamente bloqueada.

Empecé a sentirme culpable, juzgada, humillada, miserable, tenía pena propia. ¿Por qué diablos había sido tanto dinero? Si ahora sí me había organizado ¿por qué siempre me pasan estas cosas? No llevaba, carne, ni latas. Vamos a sacar el Vel Rosita, el Suavitel, también las galletas Mac Ma "Qué animal, debía de haber comprado las de animalitos" pensé. Hay que quitar los yogures, la mayonesa, el Dulcereal, y el Quick de fresa. ¿Cuánto suma eso, señorita? Le faltan todavía quinientos pesos. Ya para entonces el super me parecía lleno, el calor hacía que los zapatos me apretáran aún más. Necesitaba un cigarro. A ver si encuentras las servilletas de papel, el ajax, la caja de curitas, la pasta de dientes; y ya no sé qué más. La cajera volvió a hacer sus cuentas y viéndome fijamente a los ojos me dijo: Señora todavía le faltan restar $252.50 para que se completen los cuatro mil pesos que trae. Estoy segura que ustedes reetiquetan, le dije con coraje ¡Qué barbaridad! Señorita, le juro que ya no sé que más puedo dejar, me voy a quedar sin "super" ¿Cuánto dice que me falta? Doscientos cincuenta y dos pesos con cincuenta centavos.

¿Por qué no deja la cajeta señora?, eso es lo que vale. No, señorita, la cajeta, no. Si la deja, ya terminamos. No, señorita, la cajeta, no, otra cosa, pero no la cajeta. Sentía la mirada de todos, su impaciencia, su falta de comprensión. Por un momento tuve ganas de salir corriendo con la cajeta entre mis manos. Prefiero dejar mi coche que la cajeta. Entienda, señorita, la cajeta no y no. Era inútil, no había de otra. Se acercaba la hora de cerrar. La señora Mamey se había ido a otra caja. El muchacho parecía cansado. La cajera se miraba las uñas. Empezaban a bajar la reja. Tuve entonces que dejar mi cajeta envinada. El *cerillo* y yo salimos del super como apagados. Con mucho cuidado acomodó las bolsas semi-vacías en el coche. "Allí te lo debo ¿sí?; me sonrió. El cuidador del coche me ayudó a echarme en reversa. Desde la ventanilla le dije "Discúlpame, me quedé sin dinero". No contestó, tampoco me lo creyó. Estoy segura que no era la primera y me fui repitiendo: "la cajeta no, la cajeta, no".

unomásuno, 7 de junio de 1983

DUDO, LUEGO EXISTO

Me despierto y me acuesto dudando. De un tiempo para acá sueño con signos de interrogación, admiración y puntos suspensivos. . . ¿Sí o no?, me digo constantemente. ¿Este o este otro? ¿Hoy o mañana? ¿Ahorita o después? ¿El tamaño más grande o el más chico? ¿Dos o uno? No hay duda de que es la misma duda que me está consumiendo.

¿Cuánto?, me preguntan en la gasolinería y yo, dudando, les respondo: "Lleno; no, mejor no: tres cuartos; no, tampoco: medio tanque. Mire, mejor nada más 500 pesos; bueno, póngale 800. No, ¿sabe qué? Mil pesos cerrados", le digo titubeando. "¿Le revisamos el aceite, señora?". "¿Eh, el aceite? Sí, por favor, pero si necesita, nada más póngame 500 pesos de gasolina, por favor. No, mejor no me revise el aceite. Bueno, sí". Finalmente, al pagar, le digo al muchacho: "Híjole, ya me quedé sin dinero, ¿no le importa si le doy su propina la próxima vez?".

Por las noches, antes de dormirme, mentalmente me la paso sumando, restando y sacando el 15 por ciento del IVA, pero siempre acabo multiplicando y dudando y dudando. Cuando voy al supermercado me digo: "¿Tomo o no tomo el carrito? Si lo tomo, voy a acabar por comprar mucho; mejor no lo tomo. Pero si no lo tomo, no voy a comprar lo necesario. ¿Qué hago? Mejor ya me voy y no compro nada. No, lo que voy a hacer es comprar nada más las ofertas y los productos de marca libre". Sin embargo, al pasar frente a las latas, el carrito se me frena y me pregunto: "¿Compro sopas Campbell o no? ¿La grande o la chica?" Y me decido por llevarme todo en tamaño chiquito. En el departamento de verduras y frutas tomo las bolsitas de plástico más pequeñas. Ahora siempre peso las cosas en la báscula antes de llevarlas a marcar y vuelvo a lo mismo: "¿Un kilo o medio? Mejor 300 gramos. ¿Y si no alcanza?, mejor un cuarto y lo pico muy finito". Al llegar a la salchichonería pregunto: "¿Qué cosa está de oferta? ¿Qué jamón es el más barato? En lugar de queso manchego, póngame el de Oaxaca. No, mejor no me ponga queso y deme medio kilo de salchichas. ¿Están en oferta? ¡Ah, entonces nada más me llevo la docena de huevos!".

Antes de dirigirme a la caja, paso por el corredor de los jabones: "¿Shampoo? No, mejor jabón de coco. ¿Caja de clínex? Mejor, los de bolsillo. ¿Vel Rosita? ¿Suavitel? ¿Qué tal estará el jabón de pastilla Zote?", me pregunto azotándome en el fondo. Finalmente, me formo para pagar. Y comienzo de nuevo a interrogarme: "¿Me alcanzará? ¿No se me habrá olvidado nada? ¿Y si cambio esto? ¿Y si mejor no le llevo la carne al perro y dejo que se muera de hambre?". El verdadero tormento llega cuando me toca el turno. Saco las cosas temblando, con vergüenza, como si me las hubiera robado. De antemano dejo en el carrito lo que me parece más caro. "¿Y eso, señora?", me pregunta la cajera. "No, eso no. Bueno sí. Yo creo que mejor no. Dígame por favor rápido ¿cuánto es?". Me lo dice, pero no la escucho. Tengo miedo de conocer la verdad. Le pido que me repita la cantidad. "¿Cuánto? ¿Está segura? Pero si casi no llevo nada. ¿No se habrá equivocado? Qué pena señorita, pero creo que no me alcanza. Voy a dejar algunas cositas. ¿Qué quito? ¿Los clínex? No, mejor el jabón de coco. ¿Y qué más? ¿Y si dejo el Ajax y lavo la tina con el jabón Zote? ¿Y si dejo un litro de leche y mejor me llevo en polvo para hacer muchos litros? Mejor dejo las latas y con las verduras hago sopas tipo Campbell. ¿Aquí no fían? ¿Por qué, eh? Dejo los platanitos dominicos y la carne de perro. Yo creo que con eso, ¿no, señorita? Bueno, está bien, quite los clínex. Ahora sí, dígame, ¿cuánto es?".

Pago y me voy pensando: "A partir del próximo lunes voy a hacer mi mercado en Jamaica, pero ¿y la gasolina? ¿Y el tiempo? ¿Dónde será más barato? ¿En Sedena? Allá de seguro no se paga el 15 por ciento". Cuando llego a mi casa, me siento cansada de tantas preguntas. La duda me pone de mal humor. Lo único que quiero es encerrarme en mi cuarto y no pensar en nada. Pero no lo puedo evitar: "¿En qué me habré gastado el dinero?", vuelve una y otra vez la misma pregunta. Miro a los niños viendo la televisión y pienso ya subió la luz, niños apaguen esa televisión y pónganse a leer. ¿Y la luz? Niños, váyanse a bañar. ¿Y el gas? Se bañan los tres en la misma tina. Hoy no se lavan el pelo. Séquense con la misma toalla, aunque les pique", digo enérgicamente. Siento culpa y coraje: "Lo que pasa es que no me organizo bien. Tengo que ser más ahorrativa. Tengo que aprender a crecer internamente junto con la inflación. Ya no debo hacerme más preguntas. No debo dudar, pero si dudo, luego existo, pero ¿querré realmente existir? ¿Sí o no???"

La Jornada, 9 de febrero de 1985

UNA REINA CON PANICO

¿Saben qué? Ultimamente, como están las cosas, todo me da pánico. Con todo lo que uno oye, tengo miedo de que me roben, me violen o me rapten. Hace poco a una amiga mía, que vive en Virreyes, le vaciaron la casa, como lo oyen. Sus candelabros de Tane, esos, ya saben, como vermeil, sucios, en forma de cisne, veinticuatro platos de plata, jarras, soperas, todo, jalaron con todo. Dice que de seguro eran ladrones profesionales, porque sus bibelots plateados y algunas artesanías de Oaxaca se las dejaron ¿no es el colmo? También mi mami se muere del pánico por el riesgo de que la roben. Pero olvídense, ella sí que tiene cosas antiquísimas. Ya saben, tipo pintura mexicana: Zúñiga, Velasco, Riveras, Cuevas; piezas precolombinas, santos estofados coloniales, tapetes persas, muchísima plata. No saben la colección de Compañía de Indias que tiene. Yo le digo: "ay mami, relax te va a venir un *nervious break down*". Ya ni quiero verla, de plano me echa unas malas vibras con sus angustias. ¿Se enteraron de que asaltaron el Aries de la Fuente de Petróleos a mano armada, a las cuatro de la tarde? En el fondo ya hasta me hice el ánimo. Miren, todo lo de valor, o sea mis joyas, están en el banco, en una caja de seguridad de Houston, y mi plata y algunas pinturas en una de aquí. Ni modo, aunque esté nacionalizada ¿Ustedes creen que exista peligro de que se las roben? Por cierto, no les he platicado que el otro día vi a don Manuel en una cena, ¡Está des-he-cho! Sin exagerarles, lo vi de un *down*. ¿Se acuerdan que siempre era de lo más alegre? Pues es otro. ¡Qué país! La verdad lo que me da más pánico son los problemas sociales. Eso sí, yo creo que le tengo más pánico que al propio socialismo. Qué miedo ¿no? ¿Qué se hace en esos casos? Por ejemplo, me muero de pánico de pensar que puedan nacionalizar el Regina o el Cumbres. ¿Qué educación les espera a nuestros hijos? ¿Sabes cuánto está costando el *camp* en Masachusets? Mil 800 dólares. Ya ni inglés van a poder aprender los pobres. Claro está cablevisión, pero no es lo mismo. ¿Cómo explicarles que ya no van a poder ir a Estados Unidos? Dá pánico pensar en su futuro. ¿Ustedes creen que van a acabar congelando las rentas? Mi marido ya quiere vender algunos edificios, no todos claro, los de la colonia del Valle. Dice que de plano ya no vale la pena invertir en este país. Bueno, gasté el otro día en el super de Barrilaco diez mil pesos, y eso que no compré ni la carne de los perros, ni latas, ni limpia hornos, ni limpia plata, ni papel de aluminio. Según mi cuñado "esto truena en menos de un año". Me da pánico. Lo que ya no se encuentra por ningún lado es el agua oxigenada. Aunque no lo crean la importábamos ¡Por eso ando con suéter de manga larga y con este calor! ¿Eh? Es que los bellitos de mis brazos están cada vez más oscuros. Las mechas en el salón, además de que salen como fuego, no he podido retocármelas por falta de decolorante. Con el tiempo se me va a poner un *look* como de naca, ¡guácala! Lo único que me va a faltar son las plumas. También me da pánico la situación de Centroamérica, ya ni Ríos Montt la puede controlar. ¿Cuánto creen que vale un LTD? Dos millones de pesos y sin accesorios de lujo ¿eh? Como dice mi mami, que el único que verdaderamente que ha tenido pantalones en este país ha sido Burgoa. *Let's face it.* Debería lanzarse con un partido de oposición. Habría mucha gente que votaría por él. Ustedes ¿no? Ahorita está *low profile*, pero no me sorprendería que estuviera planeando algo ¿A cuánto creen que está el kilo de filete limpio, en La Estrella de Polanco? A mil cien pesos. Cállense, el otro día fui a comprarme unas sandalias Charles Jourdan ¿y saben cuánto pagué? Seis mil pesos. Claro que me van a decir que son como 40 dólares. ¿Ustedes creen que salga más económico, ahora, hacer su *shopping* en París que en Houston? Un franco son 20.25 pesos, en cambio un dólar son 150 pesos. Ay, pero mejor no voy a París porque da pánico un país socialista. Ayer me habló mi vecina para invitarme como jefe de manzana. A mí sinceramente esas cosas me dan pánico y le dije que yo de eso no entendía ni papa. Creo que le caí pésimo, porque me dijo: "Usted es la sexta señora que me dice lo mismo, ¿cómo entonces podemos defender nuestros derechos si nosotros mismos no nos ayudamos"? Es la típica medio pelo que cree que ya la hizo porque vive en Las Lomas. ¿Saben cuánto estoy pagando a las muchachas? *Twelve thousand each.* El jueves pasado fui al mercado sobre ruedas y pregunté a cómo estaba el mango de manila y me contestó mi marchante de toda la vida: "a dos dólares el kilo reinita". Es decir, 300 pesos. Se los juró que nada más se lo compré por lo de "reinita", iba tan fea ese día. No les vayan a decir a nadie ¿eh?, pero me dijeron que los del gobierno están igual de populistas que los anteriores. Pero no por populares ¿eh?, sino porque no saben por dónde hacerle. Ay se los juro que como están las cosas, a cualquiera le da pánico ¿A ustedes no?

unomásuno, 18 de abril de 1983

EL PISO 19

. . . diez y siete, diez y ocho y justo cuando apenas estaba por marcar el diez y nueve, se paró. Esperé. Primero pacientemente; después, al ver que las puertas del elevador del hotel se mantenían completamente cerradas, comencé a inquietarme. Enseguida, se me ocurrió oprimir los otros botones, incluyendo el de alarma, pero fue inútil: el aparato seguía como muerto. Empecé entonces a mirar a mi derredor para buscar una salida; y cuál no fue mi sorpresa de toparme conmigo misma dentro del espejo. No había nadie en ese elevador atorado más que mi imagen y yo. "Pronto se darán cuenta", pensé para tranquilizarme. Mientras tanto, me miraba fijamente. Más bien era la del espejo la que me observaba. "Hay días en que no nos gustamos, ¿verdad?", le dije. Nos vimos de nuevo, nos sacamos la lengua y nos dimos respectivamente la espalda. Volví a oprimir todos los botones, y nada. "Chín, a la mejor tembló y lo único que quedó suspendido fue el elevador", le dije temblando a la del espejo. Como ese día no llevaba reloj, no sabía cuánto tiempo iba pasando. Me parecía que ya llevaba horas allí dentro. En una película de James Bond había visto que él y una muchacha habían salido, sin un rasguño, por el techo de un elevador en llamas. Por más que me fijé en el techo de éste, no le encontré ninguna posibilidad. "Ha de haber sido un truco de la película", pensé decepcionada.

Ya para entonces comenzaba a sentirme ligeramente nerviosa. Sentía como que me empezaba a faltar aire. Entonces, entre la ranurita de las dos puertas, decidí pedir auxilio: " ¡Hay alguien atrapado en el elevador! ¡Soy yo! ¡Estoy en el piso 19! ¿Podrían por favor llamar a un técnico?" No se oía que me oyeran. Había un gran silencio. De los nervios me puse a cantar un tango: "Silencio en la playa, ya todo descansa, el músculo duerme. . . " Después me puse a rezar, para acabar insultando con las peores groserías a los del hotel: "Es que es el colmo. Ahora sí que ya ni la amuelan. Por eso no tenemos turismo. Y si no tenemos turismo no entran divisas. Y si no entran divisas no podemos pagar los intereses de la deuda. Y si no pagamos los mínimos intereses de la deuda, ¿con qué cara vamos a pedir más dinero? ¿Qué no entienden que el Tesoro de Estados Unidos no aceptará límites al pago de la deuda? ¿Qué no se dan cuenta de que si seguimos así ya ni habrá dinero para el boleto de avión de Silva Herzog para ir a Washington? ¡Abran por favor el elevador!", les gritaba por la ranurita. "Así como estoy atrapada en el piso 19, así está el país en el piso 0, asfixiándose entre tantas presiones. Estamos todos acorralados. No hay quien nos saque de aquí. Ni apretando el botón de alarma nos quieren ayudar a salir. Por favor, abran la puerta", exclamaba a las dos puertas de acero.

Poco a poco sentía que el tiempo se me revolvía dentro del estómago. Por momentos, creí que había pasado una eternidad desde que pasé por los pisos 17 y 18. "¿Qué habrá pasado en todo este tiempo?", le pregunté a la del espejo, que estaba más pálida que una hostia. "¿Un golpe de estado? ¿En cuánto se habrá devaluado más el peso? ¿Habrán vuelto a subir la gasolina? A la mejor ya hasta nombraron otro presidente. ¿Cuánto tiempo todavía le falta al actual? Chance todo el mundo está viendo en televisión otro mensaje de De la Madrid y por eso nadie viene a auxiliarme. ¿Qué tal que en éste nos anuncie la moratoria? ¿Cuánto dinero tendré que pagar en el estacionamiento? ¿Se habrá ido la luz en todo el país por falta de pago? ¿Por qué cuando realmente se necesita a James Bond nunca aparece? ¿Seré su tipo? ¿Habrán desnacionalizado la banca mientras he estado encerrada? Quizá hasta la volvieron a nacionalizar como otra medida de emergencia. Nunca más vuelvo a tomar un elevador. Ni tampoco las escaleras, porque en los temblores es lo primero que se cae. Lo que haré de ahora en adelante será quedarme siempre en PB, nunca subir. No hay nada como las casas de un solo piso, como las del Pedregal; allí ni se suben a las banquetas, porque no hay".

Los pensamientos se me confundían. Tenía miedo y ganas de llorar. Con todas mis fuerzas oprimí el botón de alarma y me quedé clavada en él durante un buen rato. De pronto, vi que las dos puertas se iban abriendo poco a poquito con la ayuda de un tubo. Era el botones del hotel quien, con muchos trabajos, separaba las puertas. "Hace 10 minutos que la estoy buscando en todos los pisos. Es que como no sirve la alarma no indica el piso en que se para el elevador. Además, este elevadorcito nos ha estado fallando. Si quiere, por cortesía del hotel puede ir a tomar un coctelito al bar. Siempre se los ofrecemos a los que se quedan atorados. Para que se reponga güerita, porque se ve usted bien pálida. . .

La Jornada, 1o. de marzo de 1986

¡¡¡¿¿¿CUANTO???!!!

Aquella mañana salió como siempre, apurada y corriendo. Se había acostado tardísimo, pero había abierto los ojos sintiéndose más viva que nunca. En el coche se vio en el espejo y de pronto se le vinieron encima sus próximos 40 años. "¿La flor de la edad?". Eso dicen, pensó mientras encendía la radio en su estación favorita: 6.20. De un tiempo para acá, su espíritu nostálgico se había acentuado. Escuchar por ejemplo a Doris Day cantar el Túnel del Amor, le provocaba un inmenso alivio; la voz de Perry Como le hacía sentir tan juvenil y fresca como Sandra Dee, y la de Nat King Cole, tan atractiva e interesante como Kim Novak. Y así mientras escuchaba "la música que llegó para quedarse", súbitamente se dio cuenta que casi ya no tenía gasolina. Puso entonces en práctica su poder mental, gracias al cual llegó hasta la gasolinería. "Lleno por favor", le dijo al muchacho. Mientras esperaba se puso a pensar en todo lo que tenía que hacer esa mañana. "¿Cuánto es?", preguntó con sus dos billetes de a mil en la mano. "Tres mil cuatrocientos pesos", dijo el joven muy quitado de la pena. "¿¿¿ ¡ ¡ ¡Cuaaántooooo!!!???". "Tres mil cuatrocientos pesos". "No es posible señor. Yo le pedí que me pusiera nova, ¿a poco me puso extra?". "Es que desde ayer subió la gasolina". "¡Híjole, ¿quién dijo?". "Pues, ya sabe quiénes. Lo que pasa es que necesitan lana para los aguinaldos", dijo el joven, muerto de risa. Ella pagó con un billete de 5 mil pesos y le regresaron, puras monedas, unas de doscientos, otras de cien, de cincuenta y muchas chiquitas, parecidas a las moneditas de las arras que da el novio a la novia frente al altar. Estaba tan enojada con la nueva e inesperada alza del precio de la gasolina que ni propina dio. Eran casi las nueve de la mañana, hora que tenía su cita en el salón. Llegó corriendo, apuntó su nombre en la libreta y pasó rápidamente con Mari, a lavarse el pelo. "¿Qué frío, verdad señora?", comentó la empleada. "Más fría me dejó el precio de la gasolina", dijo, todavía bajo el shock que minutos antes había tenido en la gasolinera. Pistola en mano, rápido, rápido, le secaban su pelo, lacio y lleno de luces brillantísmas; a la vez que le hacían su manicure. Todavía con la pintura fresca en las uñas se dirigió a la caja y preguntó cuánto debía. "Dos mil ochocientos, señora, más IVA". "¿¿¿¡¡¡Cuaáantooo!!!???". "Tres mil doscientos veinte pesos. Es que con el aumento de la gasolina, subió el precio del *shampoo*, del *brushing* y del manicure", le explica la de la caja. Con otro billete de 5 mil pesos, pagó su cuenta y sin dejar ni un centavo de propina se fue del salón completamente *chocada*. Ya en el coche, se miró al espejo, "ni siquiera se ve que fui al salón", pensó malhumorada. "Bésame mucho", tocaba la orquesta de Ray Coniff en la radio mientras ella se dirigía a la carnicería. La melodía y todo lo que le recordaba comenzaba a tranquilizarla un poquito. "No quiero pensar en los del gobierno, porque no quiero amargarme el día", se propuso terminantemente. Don Félix, el carnicero la saludó como de costumbre: "¿Hoy qué le damos güerita?". Pidió lo de la semana: dos kilos de bisteces, dos pollos, dos kilos de cuete mechado y seis huesos con tuétano. Cuando don Félix le presentó la nota, 8 mil 800 pesos: "¿¿¿¡¡¡Cuaaánto!!!???". "Es que como subió la gasolina, pues ya sabe que todo sube, además no le cobré los huesos del tuétano.". Pagó con un billete de diez mil y como cambio recibió muchas moneditas, doradas y plateadas. Se subió a su coche. Encendió la radio y se puso a cantar *Let it be* de los Beatles. Tenía que comprar fruta, pero ya no sabía si ir al mercado sobre ruedas, o al super. "Mejor les hago gelatina de piña", pensó, así es que se fue volada al super. Allí pagó con otro billete de 5 mil pesos y también le regresaron mucho cambio. Su bolsa empezaba a pesarle. "Ya sé: voy a comprar un cochinito y así empezaré a ahorrar con todas las monedas que me den". Cuando regresaba a su casa, "la elegante" orquesta de Paul Muriat tocaba *El amor es triste*. Conforme la iba escuchando sentía que ella también se iba poniendo triste. "¿Por qué estará todo tan caro?, ¿por qué hará tanto frío?, ¿por qué pasará el tiempo tan rápido o tan despacio? Bueno es igual. ¿Por qué los precios no son como la música de 6.20, que llegan para quedarse?, ¿por qué me dieron tanto cambio?, ¿por qué no se ve que fui al salón?, ¿por qué hay tanto tráfico?, ¿por qué nos hacen creer desde chiquitos que existe *Santa Claus*?, ¿por qué no existe? Y si existiera, ¿qué le pediría?". Y así, preguntándose y preguntándose llegó hasta su casa, escuchando la música que llegó para quedarse.

La Jornada, 7 de diciembre de 1985

CON EL ALMA EN UN HILO

Mientras esperaba el pesero en la esquina de Tarahumara y Reforma, pensé hacer una llamada, y me dirigí a la cabina telefónica. Entonces fui testigo de la siguiente conversación al cruzarse las líneas:

—Bueno, uf, hasta que por fin se desocupó tu teléfono. Hace como una hora que estoy tratando de comunicarme. ¿Con quién hablabas tanto tiempo?

—Con mi cuñada, me estaba explicando eso de los mexdólares, que no entiendo nada. Ahora sí que nos amolaron, porque si quieres comprar dólares buenos, tienes que pagar cuarenta pesos más de lo que te dieron por tus pen-dólares.

—¿Cómo, hay otro tipo de cambio?

—No hombre, así lo llaman por "pen. . . nitente" de no habértelos llevado antes. Lo que todavía no logro comprender es a qué paridad voy a pagar mis tarjetas American y Diners. Ayer me hablaron de Saks preocupadísimos para preguntarme cuándo iba a liquidarles mi adeudo. Parece ser que tienen millones de clientas mexicanas con cuentas elevadísimas.

—Cállate, nada más de acordarme de las toallas, sábanas y colchas que me acabo de traer, y todo pagado con tarjeta de Visa. Ahora sí, ¿qué vamos a hacer?

—Ay tú, pues en lugar de que vayas cuatro veces al otro lado pues nada más irás dos. ¿Qué quieres que te diga? Esta situación va a venir a cambiar muchas cosas. Nada más de pensar que ahora sí no me voy a poder traer mi Betamax, me dan ganas de llorar.

—Cuando te apetezca ven a la casa a ver la película que quieras. Ayer vimos Rocky II. Pero dime, ustedes con su departamento en Coronado, están al otro lado. ¿Te das cuenta lo que vale ahorita?

—Sí, Bendito sea Dios. El otro día le estaba diciendo a Jorge que nos fuéramos a vivir de plano a San Diego. ¿Te has fijado que allá en las playas te bronceas en dorado, y que aquí en Acapulco en prieto y te manchas? ¿Te das cuenta cómo se van poner las cosas?, con el desempleo no vas a poder salir ni a la esquina. Imagínate los secuestros, los rescates en dólares. Hasta los nacos, tienen dólares. ¿Qué harán con ellos, eh?

—Díaz Serrano tenía razón con lo del petróleo. Y luego la corrupción. ¿Ya sabes que debemos 80 mil millones de dólares?

—Yo creo que es hasta más. Eso dicen, pero mínimo ha de ser lo doble. Yo si acepto el control de cambios, pero que ya no nos roben.

—¿Te enteraste del último atentado? Parece que fueron dos balazos en la pierna, y que está en el Hospital Militar.

—Hablando de militares, me dijeron que si el Fondo Monetario Internacional, no nos hubiera ayudado, hubiera habido un golpe de Estado.

—Que bueno que nos prestaron dinero, ¿verdad? Esos del Fondo van a venir a poner las cosas en orden porque saben ver el fondo de la situación, por eso se llama Fondo Monetario Internacional.

—Yo siento que lo que necesitamos es una mano dura, así como la de Reagan. Oye tú, el señor con sus setenta años controla su país como debe de ser. A ver, ¿qué haríamos sin Estados Unidos? Les dan trabajo a los indocumentados, nos prestan dinero, atienden maravillosamente a los turistas mexicanos. Siempre nos están extendiendo la mano. Léete el *Time* de esta semana, donde dice: "Now uncle Sam has to help".

—Te lo juro que estoy tristísima con la situación. Nada más dime, ¿dónde voy a encontrar en México zapatos? No hay en ningún lado.

—Qué me dices a mí, desde que soy señorita uso ropa interior americana. La de aquí se amuela a las dos lavadas. ¿Y mi shampoo Vidal Sasoon? ¿Te has fijado que los shampoos de aquí no hacen espuma? ¿Y mis Bufferins, mis chiclets bajos en calorías, y mi café Sanka?

—Ya no me digas, que me dan ganas de llorar, y todo por las fugas de capital de los políticos.

—Oye, ¿cuál es exactamente el "tipo preferencial"?

—Si entendí bien, esta paridad está a $49.50 y se le da a las compañías preferidas del gobierno.

—Ah, y oye, ¿tú crees que con todo esto se pueda venir el comunismo?

—Mira, yo creo que para allá vamos, y si no vamos nos llevan.

—Por cierto, el martes 31 no vayas a salir a comprar nada, para darles una lección a los comerciantes.

—Tu marido ha de estar histérico. Ahora sí que no va a poder ir a Las Vegas.

—Cállate, si anda con una gastritis. El pobre, desde la segunda devaluación todo el día se tropieza, se pega con las puertas, con las paredes.

—Pues por los tropezones del país. ¿Oye?, no oyes como si nos estuvieran escuchando?

—Han de estar cruzadas las líneas.

—Bueno, te dejo. Me voy corriendo a comprar los libros del colegio.

—Okey, chao, nos hablamos después.

Lentamente coloqué la bocina en su lugar, y con el alma también colgada, me fui a la esquina a seguir esperando mi pesero.

unomásuno, 25 de agosto de 1982

MERRY CHRISTMAS

¿Ya compraste los regalos de navidad?, pregunta la chata Zorrilla a su amiga de toda la vida, la güera Prieto.

—Ay tú, en esas ando. No se me ocurre nada, además todo está tan caro, contesta la güera con cara afligida.

—Yo bendito sea Dios ya solucioné mi problema, fíjate que tuve una idea de lo más original, —dice modestamente la chata— mandé a empastar dos docenas de los libros de "Lo Negro del Negro Durazo" en charol. ¡No sabes lo increíble que quedaron! A cada uno le mandé a poner las iniciales de nuestros amigos para personalizarlo. ¿Verdad que es una super idea?

—Qué bárbara, tienes un humor de lo más negro ¿eh? Vas a quedar super bien. A tí que se te ocurren tantas cosas ¿qué me recomiendas? Sabes Chata, este año, quisiera que el precio de los regalos correspondiera a la crisis que vivimos. Me gustaría que fueran sobrios y útiles.

—Tienes toda la razón, basta ya de derroches inútiles, como está la situación, no hay de otra, justamente por eso decidí regalar libros, que como tu sabes, son cultura.

—¿Sabes qué me mandó mi jefa de manzana? Un costal de arroz y otro de frijol. ¿No se te hace una buena puntada?

—Oye, y ¿por qué no de allí haces bultitos y los pones en unas canastas navideñas, agregándoles: pastas de dientes, shampoos, latas de aceite para el coche, hasta cortes de tela podrías meterles. Ya sabes que ahora la gran moda es mandarse hacer la ropa con las costureras de antes. ¿Qué les vas a regalar a tus nueras?

—A una le pagué la deuda que tenía en el salón de belleza y a la otra, le compré la suscripción de Impacto.

—¿Te acuerdas cuando les poníamos a cada una de las muchachas 500.00 Dls., en un sobrecito para que se compraran lo que quisieran?

—Ay, por favor no me lo recuerdes. A los muchachos les compré una alarma de coches contra robos. Ni modo, son: "made in México".

—Oye ¿y sonarán? No vayan a ser los mismos ladrones que las fabrican. También tengo el regalo de mis nietos. Les mandé enmarcar un poster de Ronald Reagan vestido de cow-boy, como cuando salía en sus viejas películas.

—Oye, qué buena idea, para que así desde chiquitos, aprendan a ser machitos ¿no crees? A los míos, les grabé en casa de mi hermana un cassette de Bing Crosby, con todas sus canciones de navidad. Su disco estaba un poco rayado, pero ni modo oye, si supieras lo caro que están los discos.

—A mí también se me ocurrió grabar un cassette. ¿Has oido la XEQK, la estación que dice la hora?, bueno, pues grabé todas las consignas políticas. Dicen cosas como por ejemplo: "Nada es tan necesario como la educación moral de la sociedad" en finas verdades. Es el regalo de navidad de Jorge mi marido, para que lo escuche en su walkman, mientras hace joging. A ver si con este brain wash comienza a creer en él ¿No crees?

—Qué bárbara, esa sí que es una gran idea. A mí se me ocurrió regalarle algo semejante al mío. Le compré la Constitución, el Diario Oficial de 1983 y El Plan Nacional de Desarrollo.

—¿Qué es eso, eh?

—Creo que es algo como un recetario larguísimo que tiene De la Madrid para sacarnos del agujero.

—A propósito, ¿qué le piensas regalar a tu compradre, el que está en Pesca?

—Mi marido le compró un jorongo en Fonart, que tiene bordado unos pescados preciosos. Fíjate, el año pasado le mandamos una caja de Champagne de la Veuve Cilicot y ahora, pues ya no es posible. Tampoco podemos mandarle una de Chambrulet ¿no crees?

—Es que en serio chata, con la crisis, México ha caído de lo más bajo. Antes íbamos de "shopping" a San Diego y ahora vamos de compras a Fonart. ¿Te das cuenta?

—Así es güera, vivimos una triste realidad. ¿Sabes qué le voy a regalar a la maestra de mi hijo? Una bolsita con 200.00 de monedas de a 0.20 centavos. La pobre no tiene teléfono y se la pasa en las cabinas.

—Híjole, es que tienes unas ideas tan geniales. Adivina ¿qué le voy a pedir yo a Santa Claus?

—Un face lift

—No, eso se lo pediré el año entrante; voy a pedir que se reconozcan los triunfos del PAN.

—Pero si reconocen los triunfos del PAN tienen que reconocer los del PSUM, mejor que siga ganando el PRI.

—Ay mira, la verdad, es que yo ya no creo ni en Santa Claus ni en los Santos Reyes, ni el PRI, ni en el PAN, ni en el PSUM, ni en nada, nada nada, nada, nada.

Punto, 19 de Mayo de 1984

LA MALA COSTUMBRE DE ACOSTUMBRARSE

Son las 8.18 p.m. Estoy en medio del periférico, sumida en tres filas interminables de coches que avanzan a vuelta de rueda. Voy hacia el sur y me siento sumamente cansada. "Seguro hay un coche parado más adelante", me digo como queriendo justificar la lentitud del tráfico, cuando en el fondo sé que esto ya es rutinario. Cambio de carril, freno, avanzo, vuelvo a frenar. Observo a mi derredor a los conductores y todos sus rostros me parecen familiares. "Yo lo conozco, ¿dónde he visto esa cara?" me pregunto haciéndome la loca, siendo que en realidad lo que identifico en ellos es la cara de resignación, de indiferencia y de cansancio, como la mía. Freno, acelero, cambio otra vez de carril, vuelvo a frenar y a pensar: "Es terrible, pero ya nos estamos acostumbrando. Cada día que pasa, la fuerza de la costumbre nos hace asimilar cosas como este tráfico que ya forman parte de nuestra realidad diaria. Nos estamos haciendo el ánimo, así de fácil. Nadie ya tiene tiempo para preocuparse. Hasta a los desempleados y a los ociosos les falta tiempo".

"Es que últimamente, te lo juro, he andado en la loca", dicen las señoras cuerdas que no trabajan. Nuestra capacidad de adaptación cada día es mayor. "O te aclimatas, o te aclimueres" dicen que se dice. Con esta mentalidad nos estamos acostumbrando. Cambio de carril, acelero, avanzo unos metros y vuelvo a frenar: " ¡Qué buena onda somos los mexicanos, a todo nos acostumbramos! Ya aprendimos hasta vivir con la crisis, con la inflación. Cuando leemos que sube el arroz, el frijol, el huevo y el aceite, nos enojamos, nos indignamos, 'ya ni la amuelan' decimos furiosos, pero algunas horas después, los que tenemos con qué pagar ya ni nos acordamos, nos resignamos y tan tranquilos, seguimos comiendo rico moros y cristianos con huevos rancheros bien grasosos. También así nos acostumbramos cuando subieron la gasolina y las tarifas de las casetas. Los sábados, la carretera que va hacia Cuernavaca está llena de coches, todos ellos repletos de niños que están aprendiendo a acostumbrarse. Lo malo es que estamos tomando la costumbre de acostumbrarnos. ¿Qué se le va a hacer? Para seguirle dando, hay que acostumbrarse a todo".

Freno, acelero, no cambio de carril, continúo pensando: " ¡Qué padre!, porque así, sin darnos cuenta, ya nos acostumbramos al consumo, a la publicidad, a creer en mentiras, a la cara de Zabludowsky, a la voz de Lolita Ayala. Hasta a las *marías* y a los lanza fuego ya nos acostumbramos. Cuando en un alto una *maría* se nos acerca, ya no la vemos, sólo visualizamos su caja de chicles y rápido rápido le compramos un paquete, le pagamos y nos vamos. Ya no hay tiempo para lamentarse. Bastante tiene uno con sus problemas ¿no?" Freno, sigo pensando que hay un coche parado más adelante, cambio de velocidad, avanzo unos metros y me vuelvo a parar: "De veras que a todo se acostumbra uno, un embotellamiento como el de esta noche nos parece normal, ya ni tocamos el claxon. ¿Protestar? ¿Para qué? Híjole, para protestar se necesita mucha energía, conciencia, solidaridad, organización y ¿qué más se necesita? No sé".

"Hasta a no ir al cine los domingos nos estamos acostumbrando. Al paso del tiempo, a las lluvias, a la corrupción, a leer en los periódicos noticias de guerras, huelgas, manifestaciones. A las declaraciones de los funcionarios, a la no renovación moral, al deslizamiento diario de nuestra moneda. Con qué facilidad nos hicimos al ánimo de que el dólar cueste más de 200 pesos y que por consecuencia, nuestra deuda externa sea más elevada cada vez. ¿Acaso no nos hemos acostumbrado a ver a Silva Herzog viajar al extranjero para pedir más dinero? Esto ciertamente ya no es noticia ni tema de conversación. Siento que ya hasta nos acostumbramos a no entender lo que realmente sucede en el país". Cambio de carril y veo en mi tablero que casi ya no tengo gasolina. Los coches siguen avanzando a vuelta de rueda. "Ya nos acostumbramos a estacionarnos en doble fila, a meternos en sentido contrario, a llegar siempre tarde a las citas, a soportar la contaminación y el ruido, a dejar todo para mañana, a gastar nuestro aguinaldo hasta el último centavo, a tener deudas personales, a todo eso también ya nos acostumbramos. Así se nos va la vida, reemplazando viejas por nuevas costumbres ¿A qué nos tendremos que acostumbrar en el año 2000?", me pregunto a la vez que freno. Sin cambiar de carril sigo avanzando lentamente. Vuelvo a frenar, espero. Son las 9.10 p.m.

La Jornada, 12 de octubre de 1984

"BLACK IS BLACK"

"Ay tía ¿No estás en-can-ta-da por lo de Durazo? ¿Verdad que como está la situación, esto ha sido un "super-oper" para los mexicanos? Ya ves, y tú que comenzabas a dudar de la renovación moral. Acuérdate, que te decía "paciencia tía, pa-cien-cia". Todo el mundo está feliz. Mira, desde que se publicó la noticia: la Bolsa, subió; la inversión extranjera, subió; nuestra moral, subió y con ella nuestra confianza. Pero por otro lado tía, lo que también subió, fue la leche ¡está carísima! ¿Tú creés que cuando le toque a Hank subirá la tortilla? Vete tu a saber tía, son tan raros los del gobierno. ¿Verdad que solamente ellos se entienden?

¡Ay, ojalá y lo encuentren rápido! Les va a costar trabajo tía. Porque eso sí: es bien listo; pienso que como ex jefe de la policía, ha de conocer todos los tips para desaparecer. Dicen que está prófugo en Sudáfrica, fíjate. ¿Será que por allá hay muchos de su color, no? ¿Te lo imaginas de incógnito, con anteojos negros entrando en un camión que diga "coloured only"? ¿Sabes lo que me dijo un día mi vecina americana? Que en México, no éramos tan racistas, porque aquí los negros vivían mejor que los blancos ¿Tú crees? Te diré que de alguna manera tiene razón. Oye, yo no sé si es por culpa del sistema o qué, pero la verdad es que, ves cada naco en cada coche, qué ¡forget it! ¿No es cierto?

¿Sabes lo que me da pavor? Que cuando lo traigan, intente darle una super mordida en dólares a Mota y trate de fugarse otra vez. Ah, pues ahora con lo de la renovación moral, ya no es posible ¿Verdad? Bueno, y ¿Qué irán a hacer con sus propiedades? No sé por qué me imagino la casa del Ajusco convertida en unos fabulosos estudios de cine. ¿Te das cuenta, las películas que se podrían filmar allí? El Partenón se podría transformar en una casa de reposo o de asilo para todos los expolíticos que ya no tuvieron chance de robar, y que por lo mismo acaben sus días en la miseria ¿No crees, tía?

¿Sabes los que sí me dan mucha lástima? Son esos pobres niños; el Yoyo y la Yoya, los hijos de Durazo. ¿Dónde van a vivir? Ay oye, como sea, son muchachos que están impuestos al confort, al buen gusto pues ¿A poco van a acabar en una vecindad, como en la que vivía el exgeneral? ¡Ay cómo da vueltas la vida! ¿No, tía? Híjole, cuando pasaron en "24 Horas", el reportaje con todo deta-

lle de las propiedades que tenía Durazo, me puse a imaginar todas aquellas que todavía no le abren las puertas a las cámaras. Oye, ¿Te acuerdas del programa de televisión de Paco Malgesto "Visitando las Estrellas", que las entrevistaba en sus respectivas residencias? Bueno, pues así debería de haber uno que se llamara: "Visitando a los políticos" ¿No crees que sería una buena idea tía? Bueno, eso sí tienes razón, desde ahora vamos a tener más confianza. ¡Bendito sea Dios! Como dices tú: éstos son indiscutiblemente actos de fe.

Ha de estar negro de coraje ¿no? Ay tía, ojalá que le den duro pero bien duro; porque por culpa de toda la pasada corrupción, ahora la estamos pasando negras, pero bien negras ¿Verdad, tía?

Punto, 30 de enero de 1984

LOS MOTIVOS DEL LOBO MEXICANO

Hace muchos años tuve un amigo que cuando estaba profundamente desconsolado, subía, después de las doce de la noche, a la azotea de su casa y allí, entre los tinacos y tendederos, aullaba la luz de la luna.

"Estos aullidos me hacen sentir como el terrible lobo del poema de Ruben Darío; sin embargo, al cabo de unos minutos me siento aliviado, es una manera como otra de desahogar las penas" me explicaba mirándome con sus ojos tristes. ¡Cuanta razón tenía! La otra noche, cuando el gobierno reconoció "desviaciones y errores en el manejo de la política económica" me dije: "ahora sí la situación del país está para aullar". Decidí entonces subir a la azotea y empecé a dar de aullidos por la baja del petróleo, la falta de divisas, la caída de las exportaciones de los productos del campo, la reducción del gasto público, el desempleo, la devaluación; cuando llegué a la inflación mis aullidos subieron de intensidad. Los perros de los vecinos comenzaron a imitarme. Después de un tiempo aquellos lamentos se multiplicaron profusamente. Mientras tanto, seguía acordándome de la apertura de las importaciones, de los fraudes electorales, de la represión en el campo, del congelamiento de los salarios. Esa noche, la cara de la luna me parecio más pálida que de costumbre. Será que en esos momentos recordé los 96 mil millones de dólares que representa nuestra deuda externa y los 5.5 billones de pesos de la deuda interna.

Eran tan intensos los aullidos que el cielo también quiso protestar y se puso a llorar. Enormes gotas cubrían mi cara y yo seguía aullando por la fuga de divisas, por la inseguridad urbana, por las relaciones cada vez mas difíciles con los Estados Unidos, por el descrédito en el extranjero, por la falta de turismo, por los subsecretarios que se quedaron sin chamba, por el alza de los huevos, por el encono de los panistas, por el IVA, por la reducción del 10 por ciento en el salario presidencial. "Le van a tener que prestar los ex presidentes" pensé mientras más aullaba. La lluvia seguía cayendo, pero no me importaba, incluso, deseaba que despertaran los vecinos para que me acompañaran en mi protesta. "Si las cosas siguen empeorando, nos vamos a convertir en una sociedad de lobos, porque motivos tenemos muchos; más palos ya no nos pueden dar", reflexionaba tristísima. Ya para entonces sentía la garganta reseca. Mi camisón de franela estaba empapado. Pequeños charcos se habían formado alrededor de mis pantuflas. El gato siamés de mi vecina chillaba desde lo alto de un tinaco. Algo en su mirada me hizo comprender que no participaba en la protesta, sino que llamaba a su novio. Poco a poco las luces de las otras casas se fueron encendiendo. De repente vi que Maruja, la señora que vive pared con pared de mi casa abrió la ventana " ¡Qué te pasa mujer?", me gritó a medio despertar. "Estoy protestando por las desviaciones y errores en el manejo de la política económica del país" le contesté con voz enronquecida. "Espera, que te acompaño" dijo indignadísima. Dos minutos después estaba de bata de dubetina en su azotea aullando como una loba. Fue su marido quien se encargó de avisarles a los demás vecinos que ya empezaban alarmados a juntarse. Entonces empecé a descubrir a lo lejos en las otras azoteas a pequeños grupos de personas paraguas en mano dispuestas a unirse a mis protestas. "Auuuuuuuu Auuuuuuuu" gritaban con todas sus fuerzas. Súbitamente, comenzó el cielo a relampaguear. Rayos y truenos se unieron a nuestros aullidos. Aquello era como el Apocalipsis. Niños, hombres, mujeres, viejos, vecinos de todas las colonias continuas habían subido a su azotea a manifestar su coraje, su rabia, su indignación. Pude ver que a muchos de ellos se les formaba una ligera espuma en la boca. "Que lleguen nuestros gritos hasta los Pinos" gritaba Maruja parada sobre el tinaco. Así estuvimos hasta que salió el sol. Poco a poco la gente se iba metiendo a sus casas. "Splash, splash" hacían mis pantuflas al bajar las escaleras de caracol. "Fue una manera como otra de desahogar las penas" me dije al abrir la llave del agua caliente de la regadera.

La Jornada, 27 de julio de 1985

SACADOLARES A FUERZAS

¿Por qué los sacadólares son sacadólares? ¿Por qué si no lo eran ahora están orgullosos de serlo? ¿Por qué cada vez hay más dentro de la burguesía mexicana? ¿Por qué cuando hablan sus esposas, dicen con toda naturalidad: "Esta falda me salió regalada, me costó 150 dólares ¡no es nada!", sin advertir que son más de 75 mil pesos? ¿Qué piensan sus maridos, cuando llaman por teléfono a su inversionista personal, y dicen: "Oye, mano, véndeme por favor lo que tenga en Cetes y ese dinero gíramelo hoy mismo a mi cuenta del Bank of America"? Cuando se juntan entre ellos, ¿de qué hablan? ¿Se sienten acaso culpables, traidores hacia su Patria? O, simplemente, ¿conscientes, realistas, congruentes, pero, sobre todo, responsables del patrimonio familiar? Patrimonio que, como sea, les ha costado "un chingo": muchas noches de desvelos y de tensiones. (Las últimas estadísticas aparecidas en revistas especializadas acerca de personas que sufren gastritis, demuestran que muchos de entre ellos son precisamente sacadólares de todas partes del mundo).

Escuchemos, algunas voces, pues: ¿cuál es su *feeling*, que cosas les preocupan y por qué a pesar de tener su dinero *del otro lado* (Estados Unidos, Suiza, Alemania, Japón) sufren tanto por su país?

"De ninguna manera nos sentimos traidores ni malos mexicanos. Los que nos traicionaron fueron los del gobierno. Ellos nos dieron la espalda. A nosotros nos gustaría tener nuestro dinero aquí, ¡en nuestro país! Nos gustaría creer en él. ¡Queremos a México! Nos preocupa. Los que no lo quieren son los del gobierno, los que nos saquearon, los del sexenio pasado, todos robaron, todos sacaron su dinero del país. Ahora ya no pueden porque ya no hay de dónde. ¿Dónde creen que tienen su dinero *La Quina*, Camacho, Durazo, Rodolfo Echeverría? Todo el mundo sabe que es dueño del *penthouse* del Hotel Pierre en Nueva York, que cuesta millones de pesos. Esos sacadólares ¡son los peores!; Porque esos no crean fuentes de trabajo, ni pagan impuestos, ni dan para el fondo de reconstrucción, ni hacen nada por México. En cambio, los empresarios sí se comprometen. Una persona como Adolfo Patrón, dueño de Resistol, él sí da empleos, o como Senderos o Arango, ellos invierten en México. Ellos son parte importantísima de la economía del país.

"Muchos ex gobernadores y gobernadores tienen toda su fortuna en el extranjero. Hasta el señor Shultz dijo que para qué nos prestaban si todo volvía a salir del país. ¿Ustedes creen que Estados Unidos no conoce bien nuestros problemas? Se los saben de memoria. ¿Que cómo se recuperaría la confianza en el país? Pues vendiendo las empresas que el gobierno no sabe manejar, estimulando la inversión extranjera, apoyando más a los empresarios. Todos los mexicanos estamos contra este gobierno: industriales, obreros, maestros, sindicalistas, todo el pueblo está descontento. Nunca habíamos estado tan unidos. Los obreros ya entendieron que no es bronca de los empresarios, porque como sea apoyan todo lo que sea Infonavit, Seguro Social, etcétera. Con este gobierno hemos retrocedido por lo menos 20 años. La gente que antes tenía un capital mediano, lo tenía invertido aquí; ahora esa misma gente saca su dinero corriendo. Es que ya nadie cree en el peso, igual se nos dispara el dólar a mil o a 2 mil.

"¿Quién nos puede dar una seguridad actualmente? Nadie. Ni el Presidente. Ya ven la última vez que habló por la televisión, no dijo nada de nuevo. Parecía como si se estuviera dirigiendo a un Consejo de Administración. Todo lo decía sin sentimientos, sin corazón y también sin política. ¿Ustedes creen que el pueblo lo entendía? Silva Herzog ya no puede con el paquete. O le dicen que haga las cosas mal, o el solo las hace como puede. Sinceramente a nosotros no nos gusta ninguno de este gobierno para Presidente. A ver, el próximo ¿de dónde lo sacarán? Ahora que venga el Mundial, vamos a estar en la mira de todo el mundo, con toda la prensa internacional. ¿Qué tal si nos truena en esos momentos el cuete? A la mejor hasta truena antes. Si somos sacadólares es porque estamos defraudados, decepcionados. Quizá hasta es psicológico, como una venganza contra los del gobierno. ¿Ustedes creen que no nos duele tener nuestro dinero tan lejos? ¿Qué no sería más fácil si estuviera en el banco de la esquina? Nada más que justamente ese banco, igual de un día para otro convierte nuestros dólares en mexdólares. Honradamente la situación nos preocupa; con o sin dólares, los mexicanos vivimos angustiados.

"El viernes pasado que fui por el centro, la ciudad estaba hecha un caos, era un desastre aquello por tanta manifestación. Tuve que caminar muchas cuadras porque todo estaba cerrado. Bueno, pues en vez de darme coraje, me dio gusto que por fin la gente esté protestando. ¡Qué bueno que protesten!, pensé. No es posible lo que le están haciendo a los maestros de Oaxaca, a los obreros de la Renault, lo que piden es tan elemental. También pensé que era una lástima que la burguesía no se organizara con una manifestación. En esos momentos tuve ganas de unirme a los que estaban protestando y gritar: 'Fuera la corrupción, vendan empresas, hay que crear más fuentes de trabajo'. A veces me digo que todos los mexicanos nos deberíamos unir y decirles sus cuatro verdades al gobierno. Por eso, los que podemos ser sacadólares, somos sacadólares ¡a fuerzas! Yo entiendo que muchos no puedan, porque no tienen, pero qué tal si tuvieran. No me sorprendería que fueran sacadólares así como yo. . .".

La Jornada, 17 de febrero de 1985

¡AGUAS!

¡Una semana! Sí, Chalchiuhtlicue, una semana sin agua. ¿Te das cuenta? Sin exagerarte, estábamos como en esas ciudades marginadas. ¡Imagínate!, nosotros los de Las Lomas, como en Netzahualcóyotl. Ocho días sin poderse bañar. Ocho días de estarse poniendo desodorante sobre desodorante, perfume sobre perfume para tratar de disimular los intensos olores. Me sentía húmeda, pegajosa. El pelo grasoso, se me pegaba el cuero cabelludo (tampoco había agua en los salones). Conforme pasaban los días, mi ropa ya no me lucía, la importada se veía como hecha en México. Me veía como una pobre y miserable, toda sucia. Las capas del smog y del polvo, comenzaron a formar sobre mi cara una máscara morena. Por las noches soñaba con mi sauna y mis baños de sales. ¿Cómo era posible que Las Lomas, siendo la zona residencial de México, hubiera caído tan bajo? ¡Si vieras en qué estado se encontraba el jardín! Mis hortensias, azaleas, camelias y rosas de Francia comenzaron a marchitarse todas. Para colmo de males, durante esos días, el carro de la basura no pasaba. Ya te podrás imaginar lo que se llegó a juntar. ¡Y las moscas! Millones de moscas chatas, panzonas y verdecitas, parecían venir todas de Netzahualcóyotl directamente hacia nosotros. Entraban y salían por los cuartos, los salones, el comedor, la biblioteca y los baños, sobre todo los baños. No, no; te juro que no sé cómo aguanté. Pregúntame cómo estaban los cinco coches de la casa después de tantos días sin lavarlos. Una mañana no aguanté más y corrí al club Chapultepec a bañarme. Cuál no fue mi sorpresa de encontrarme desde la entrada, una cola interminable de bañistas que venían de Tecamachalco, La Herradura, Polanco y Bosques de Las Lomas. Allí estaban, desesperados, con ojos legañosos todos, mechudos y conservando aún en una de las mejillas, la marca del cojín. Saludé a muchos conocidos y me formé.

CH. NOEL

El ambiente que se respiraba era asfixiante y aterrador. Primero por el olor y segundo por las críticas e insultos que empezaron a lanzar contra el pasado y el actual gobierno. Hasta había unos que estaban con todo y sus maletas, haciendo juego con el *necesaire* Christian Dior: "Después de bañarme, me voy derechito al aeropuerto y dejo este cochino país, endrogado, devaluado y encima seco". Decían esto mientras mostraban sus boletos de avión para Vail. "Claro, todo por culpa de los pozotes que tienen en la colina", comentaban los más enojados. Otros, también furiosos, con periódico en mano, enseñaban las declaraciones de Ramón Hank, digo de Ramón Aguirre, diciendo que va a seguir faltando agua del Cutzamala. "Nos han engañado", gritaban los que estaban hasta la cola. "Nos han engañado". Casi por dos horas estuve allí en la fila. Esperé y esperé, mientras oía chistes, chismes y rumores contra todos los del gobierno. Era horrible, Chalchiuhtlicue. Entonces decidí irme. Más sudada y deprimida que nunca, me fui a casa de mi hermana en el Pedregal. No lo podía creer, tampoco ella tenía agua, ni luz, ni gas, ni jabón, ni champú, ni mucho menos pasta de dientes. "Ya se me acabó todo lo que me traje de Estados Unidos, y aquí, además de que esta todo horrible, nomás no encuentras nada", me dijo a la vez que ponía bicarbonato en su cepillo de dientes. Esto es *too much*, pensé. Por un momento me dieron ganas hasta de llorar. No sé si fue de coraje o qué, pero no pude, también mis lágrimas se habían secado. Completamente histérica, regresé a casa. Un terrible embotellamiento en el periférico aumentaba mi transpiración y el coche cada vez olía más a *hell*. No veía bien por lo sucio que estaba el parabrisas. Mi Mustang parecía una carcacha. Entonces pensé que, además de necesitar un buen baño, a todos los mexicanos nos urgía también una limpia. Te lo juro que no es posible tanta mala suerte concentrada en nosotros los de Las Lomas, si somos de lo más *nice* que tiene este país. Rosita, mi cocinera, dice que allá en su colonia no tienen agua todo el año. Pobre gente, ¿no?

unomásuno, 30 de marzo de 1983

CHEZ NOEL

Es sábado 8 de junio. Son las cinco y cuarto de la tarde y nos encontramos dentro de uno de los salones de belleza de más prestigio de la ciudad de México. Todo el *jet-set* mexicano, incluyendo al extranjero va con Noel. "Nadie corta el pelo como él, ni en Nueva York" aseguran sus clientas que felices pagan los seis mil pesos que cuesta su maravilloso corte. El salón se encuentra en Homero 908, esquina con Musset, en una enorme residencia, toda pintada en el color de moda, "peach". En la planta baja está "*Vendome*", donde está la mamá de Noel, y en el primer piso trabaja su hijo. En realidad son dos salones en un mismo local. La entrada es de mármol. El interior está decorado con enormes espejos, rodeados con muchos foquitos, como los de los camerinos de los teatros de revista. El mobiliario es blanco y moderno. Hay plantas por donde quiera, pero sobre todo vemos decenas y decenas de señoras que van y vienen. Unas en bata color verde y otras en beige. "¿Ya estaré Tere? Tengo mucho rato con el tinte", pregunta una mientras hojea el último número de *Hola*. Las que están de batita verde, tienen la cabeza cubierta con bultitos hechos de papel estaño. "No quiero las luces muy claras, porque me veo muy pálida" recomienda una a Sarita a la vez que le está poniendo el decolorante en las cejas y en los vellitos de los brazos. Mari, la encargada de la depilación con cera, va y viene. "¿Hoy sí quitamos el bigote?" pregunta a una bigotoncita que tiene sus piernas remojando, de lo más "relax", dentro de una palangana de agua caliente. "¡Qué horror, son las cinco y veinte y se me olvidó mandar al chofer a comer!", exclama una que se está haciendo permanente. Como todos los sábados, hay muchísima gente en los dos salones. Las empleadas vestidas de blanco y en pantalones corren de un lado a otro. "¿Le traigo un cafecito señora?", preguntan amabilísimas, a las clientas. Las del *manicure* tienen la cabeza sumida sobre las bellas y alhajadas manos de las señoras. "No seas malita, depílame las cejas", dice a una de ellas una quinceañera que se está paseando por todo el salón sin saber qué hacer. Hay muchas que están metidas en el secador. Unas leen interesadísimas el *Vogue* y otras dan sus cabeceaditas porque la noche anterior se desvelaron. Son las cinco y veinticinco. "Ya lávame el pelo porque me va a quedar oscurísimo", exclama una que anda descalza con muchos algodones entre los dedos. "¿Cuánto es?", pregunta otra en la caja mientras saca su chequera. "Diez y ocho mil quinientos pesos", le contesta la cajera con una gran sonrisa. Los peinadores están vestidos super sofisticadamente, con pantalones de piel y camisas holgadísimas de flores de todos los colores. Alrededor del cuello llevan como todas sus clientas varias cadenas de oro. También ellos usan relojes *Cartier* (caprichitos que les permiten sus propinas). Son las cinco con veinte y ocho minutos. La música disco se pierde entre los murmullos de las señoras y el ruido de las pistolas de aire. En los vestidores están colgadas muchas blusas de seda, suéteres tejidos en algodón, grandes sacos en lino, chamarras de piel, y una que otra gabardina Burberrys. "Por favor ya lávenme el pelo", dice una medio gordita que nadie le hace caso y que lleva con el tinte más de 20 minutos. Cuando el reloj marca exactamente las 17:30, se abren de pronto las dos puertas de vidrio y tres jóvenes pistola en mano dicen: "Esto es un asalto, échense al suelo y quítense todo lo que train". Eran "el Cayos", "el Flaco" y "el Rolando" que desde Tepito llegaron sin hacer cita al *Vendome.* Otros tres de sus compañeros también pistola en mano se habían subido con Noel. "No nos miren o reciben un plomazo" decía enérgicamente el "Flaco" mientras recogía anillos de brillantes, pulseras, relojes, bolsas compradas en Italia, unas de cocodrilo y otras en piel de víbora. Algunas señoras comenzaron a llorar, otras sentían como que se iban a desmayar. Nadie habló. De lo más obedientitas comenzaron a quitarse dijes, collares de perlas, aretes de brillantes, relojes Piaget, pulseras de Tane y hasta las medallas de la Virgen de Guadalupe de troquel antiguo que entregaban santamente. Son las cinco de la tarde con treinta y cinco minutos. Dando un frentazo se estaciona frente al salón la patrulla número 15039. En un dos por tres el policía Daniel Arturo Juárez Roela de 30 años entra al salón y trata de quitarle la pistola a José Luis Rodríguez. Comienzan a forcejear mientras "el Cayos" acaba de meter toda la billetiza de la caja en una de las bolsas robadas. Los otros tres se escapan volados por la azotea. A uno se le cae un zapato y una bolsa con algunas joyas pero sigue corriendo por entre los tinacos. Son las cinco de la tarde con cuarenta minutos, cae muerto Daniel Arturo Juárez y en el suelo junto a los lavaderos, herido, José Luis. De pronto se escucha un helicóptero y la sirena de la Cruz Roja. Seis patrullas más llegan *chez Noel.* Se prohibe el paso por Homero. Son las cinco con cincuenta minutos. Los ladrones se fueron. Las 170 señoras siguen aterradas, se sienten desnudas sin sus joyas ni sus bolsas. Están pálidas, tienen frío, tienen ganas de llorar, de gritar. Nada más una de ellas todavía con el decolorante sobre las cejas y brazos, la toalla puesta como turbante en la cabeza, se atreve a decir: "Gracias a Dios, no nos violaron".

La Jornada, 15 de junio de 1985

CINCO MACHOS EN LAS LOMAS

Miércoles 15 de mayo. Cuando el reloj marcaba exactamente las ocho de la noche, cinco muchachos vestidos de playera y pantalones de mezclilla entraron, pistola en mano, a un nuevo concepto en restaurant-cafetería: *Macho*, que se encuentra ubicado en Prado Norte 125, en las Lomas de Chapultepec. "Esto es un asalto", dijo uno de ellos mientras con la pistola empujaba a los parroquianos para que se fueran al fondo del local. "Todos al suelo", dijo enérgicamente. Dos de los otros cuatro llevaban a los meseros y meseras (vestidos estilo cowboy) a la cocina. "De aquí no se mueven", dijo uno. Los otros dos estaban en la entrada para dar la bienvenida a los que llegaran. A una señora que estaba frente a su vaso de capuchino y que se resistió a ponerse de pie, uno de los cinco se le acercó y levantándose la playera le enseñó tres pistolas más que llevaba sostenidas en la pretina del pantalón. La señora se levantó, se dirigió al fondo con los demás y se echó al suelo. Se puso a llorar. Aparte de la pistola, los cinco llevaban unas enormes bolsas grises de plástico. "Allí echen todo lo que llevan de valor", ordenó el que seguramente era el jefe. Poco a poquito las bolsas se fueron llenando de cadenas, relojes, anillos, aretes, pulseras, carteras, chequeras, prendedores, monederos, billetes, monedas, etcétera. Todos lo hacían muy despacio. De la caja no pudieron llevarse mucho dinero pues ya se había hecho el corte. "Abra la caja fuerte", le ordenaron al jefe de piso. Sudando, les dijo que no sabía la combinación. Así pasaron cerca de 45 minutos. "A ver tú, toma las llaves de tu coche y sal a decirnos cuál es", le dijo a una niña bien de las Lomas. Salieron y ella lo llevó hasta donde había estacionado su Corsar rojo. Volvieron a entrar a la cafetería como si se tratara de una pareja que fuera a cenar unos deliciosos tacos de guisado (hongos, mole, chorizo, etcétera), especialidad del *Macho*. La propietaria del coche volvió a su lugar y se echó al suelo. "Ya vámonos" dijo el jefe. Los cinco salieron con las bolsas repletas. "Buenas noches", dijo amablemente uno de ellos. Todos se pusieron de pie, menos dos muchachas que seguían aterradas en el baño de damas. Las habían violado. "Ahora que ya probó lo que es un *Macho* esperamos contar con su preferencia. Probar un *Macho* y no regresar a él es un atentado existencial. ¡Bienvenidos siempre!", dice el lema de los individuales en papel de la Cafetería *Macho*.

Martes 21 de mayo. Cuando el reloj marcaba exactamente las 9:30 de la noche, cinco muchachos vestidos de playera y pantalones de mezclilla entraron, pistola en mano, a *Lomas Studio*, que se encuentra ubicada en Sierra Mojada 401, en las Lomas de Chapultepec. "Esto es un asalto", dijo uno de ellos, mientras con la pistola empujaba a las mamás y nanas que acompañaban a los niños que habían ido a su clase de natación, o de ballet, o karate, o judo. A todas las metieron a la dirección, incluyendo a los maestros. "Todos al suelo", dijo enérgicamente uno de ellos. En unas bolsas grises de plástico fueron metiendo: cadenas, pulseras, relojes, carteras, etcétera. A una de las secretarias le ordenaron abrir la caja. Había muchos, muchos cheques de mensualidades e inscripciones. Los niños en traje de baño temblaban, las niñas con sus *payasitos*, lloraban, las jovencitas, vestidas con trajes de española, castañeaban los dientes. A los niños karatecas se les olvidaron todas sus clases, de puro miedo. Los maestros no abrían la boca. Ya no había más que llevar; ah sí unas plumas que estaban sobre el escritorio de la directora. "Buenas noches", dijo el más amable de los cinco. Salieron sin cerrar la puerta.

Viernes 24 de mayo. Un grupo de colonos de las Lomas se encuentra reunido para definir cómo se van a organizar. "Lo primero que hay que hacer es juntar mucho dinero y contratar a unos matones para que se les dé su merecido a esos sinvergüenzas. Ya que no podemos contar con la policía, nos tenemos que hacer justicia nosotros mismos. A esos hay que matarlos. ¿Qué sentiríamos si se hubiera tratado de una de nuestras hijas?".

La Jornada, 25 de mayo de 1985

¡AY POBRE, ¿NO?!

Ay, pobre. Oye, te juro que me dio lástima. Hijo, traía una cara como de calvario. ¿Te fijaste? Ay oye, como sea es un ser humano, como tú y yo ¿no? ¿Te imaginas, qué horrible se ha de sentir? Digo, de haber sido un *superwinner*, para acabar, como un pobre *loser*. ¡Qué horror! Cómo da vueltas la vida ¿verdad? Pobre. palabra. ¿Tú crees que realmente era para tanto? No, la verdad lo que más coraje me da, es que no es el único. Lo que pasa es que él se dejó involucrar en el asunto. Pobre, oye, porque está pagando por los otros. Te lo juro, que yo que él, me hubiera naturalizado americano. Palabra, oye. Híjole, ya al final me dio una lástima, hasta se me hizo un nudo en la garganta. A ver dime, qué sentirías si hubiera sido tu papá ¡ah! ¿verdad? Y luego a mí se me hizo muy mala onda que todo, absolutamente todo, lo pasaran por la tele. Oye ni que fuera qué o qué. O sea, entiéndeme, es obvio que estoy, super de acuerdo con la renovación moral, pero a mi manera de ver, debieron de haber aprovechado en darle matarili también a los demás. ¿Entiendes? Para nada pienso echarme el proceso de cada uno de ellos, te lo juro que es *too much*. ¿No crees? Pongamos, que no sea ni más ni menos culpable que los otros, pero ¿por qué a él? Pobre, oye. Fíjate que en el fondo lo admiro. Ve: todo el tiempo, se mantuvo superdigno, aparte de que me pareció de lo más valiente. ¿Te das cuenta, aguantarse, sin echar a los otros de cabeza? Oye, pues se necesitan muchos pantalones ¿no crees? Yo pienso, sinceramente, que inclusive está más seguro allí, ahora su vida no corre peligro. Nada más imagínate, todo, pero todo lo que ha de saber. Sí, ya sé, que hace apenas un mes pedía justicia. Ay oye, pero la verdad que nunca me imaginé que fuera así de serio. A ver ¿tú estás segurisísima de que es culpable? Yo ya estoy hasta dudando. ¿De veras crees que ya no tenga ningún chance? Digo, de probar que fueron las mismas circunstancias que lo orillaron. Entiende. A veces hay situaciones en la vida que te obligan a actuar muy a pesar tuyo. Es como si un poder superior te empujara hacia algo, que a la mejor ni quieres, ¿comprendes? Ay pobre, oye. Además el pasado, pues ya como sea, es el pasado. Mira, por ejemplo, es como si ahora te juzgaran por toda la fayuca que traías antes de la renovación moral. ¿Te acuerdas? No te hagas. Cada vez que pasabas la aduana, tenías siempre a un tipo esperándote en el aeropuerto para que te pasara con todas tus petacas. Hasta yo llegué a aprovechar tu contacto. ¿Te acuerdas que así me traje mi cuadráfónico y mi horno de microondas? Fue gracias a ti. ¿A poco ya se te había olvidado? Híjole, nunca se me olvidará aquella vez que hasta te trajiste el árbol de navidad de escarcha, con todo y los regalos para los niños, envueltos. Y la motocicleta de tu marido, que hasta le compraste sus refacciones. *¿Remember?* No, no me mal interpretes, no te estoy juzgando. Si yo mismo lo hacía. Lo que te quiero explicar, es que antes sí había chance, todo el mundo lo hacía. Y que desde ahora, pues las cosas han cambiado, y ya no se pueden ni meter un pinche champú *Vidal Sasoon*. ¿Me entiendes? No, te lo juro que estuvo feo. Por eso digo que pobre, oye. ¿Sabes qué? Yo creo que tuvo muy malos abogados. Yo que él, me hubiera contratado unos de Estados Unidos.

unomásuno, 10 de agosto de 1983

A LOS DE LA TORRE YA LES DIERON EN LA TORRE

"Parece que el jueves se va a arreglar", me dijo uno de los doscientos trabajadores que se encuentran dispersados entre varios grupos a lo largo del camellón de Avenida de las Palmas.

El jueves 19, numerosos sellos de clausura del Departamento

del Distrito Federal, aparecieron sobre la enorme barda que protege la construcción de la Torre Residencial de Palmas 800. Desde entonces, decenas de: albañiles, carpinteros, fierreros, soldadores, electricistas, operadores de grúas y de más peones, se encuentran esperando la reapertura de las obras.

La mayor parte de ellos vienen de Neza, otros de Indios Verdes, del Ajusco, de por Ermita, Zaragoza, Santa Marta, hasta de Contreras llegan antes de las ocho de la mañana para ver si ahora sí ya van a trabajar. Después de pasar lista, unos se tienden sobre el pasto bajo las palmeras borrachas de smog, otros juegan a los naipes, al dominó, o a la rayuela. Muchos, para no aburrirse leen: Samurai, Kalimán o Lucha Libre. Hay también, quienes platican mientras ven los coches pasar.

—"Bueno, ¿y ustedes saben por qué clausuraron las obras?" pregunto a un grupito. "Por rateros", contesta uno que se llama Cirilo. Todos se ríen y el más serio dice: "La verdad es que no sabemos. A nosotros nada más nos dijeron de presentarnos y que esperáramos".

Mientras esperan, en la delegación Miguel Hidalgo los de la compañía constructora Molet y Molet discuten acaloradamente con los representantes de la Unión de Colonos de Lomas de Chapultepec: "que si 38 pisos que tendrá la torre residencial son demasiados, que si consumirán 300 mil litros de agua diariamente; que si fue por irregularidades de los constructores; que si gracias al esfuerzo que lleva realizando desde 1980 la Asociación de Residentes de Lomas de Chapultepec, Sección I, se llegó por fin a la clausura; que si esto fue por orden presidencial; que si además de contaminar, el inmueble provocará caos vial; que si hay demasiados intereses por parte de la constructora; que si ya vendieron 110 departamentos de superlujo de los 138, a precios que oscilan entre 40 y 60 millones de pesos; que si se los vendieron a gente muy importante e influyente; que si hasta las escrituras tienen; que si por qué no se construye un paso a desnivel, además de jardineras para que se vea como si fuera zona verde; que si al gobierno le interesa tener contentos a los colonos de las Lomas, porque si protestan es por algo; que si las licencias fueron mal otorgadas en el sexenio pasado; que si ya se habló con el Departamento del D. F. sobre el nuevo plan parcial guardando las Lomas como zona residencial; que si el ingeniero Girault, de la constructora Molet y Molet se apellida también Díaz Lombardo y que esto es muy raro, porque es el mismo nombre del dueño del terreno, y que si esto y que si lo otro. . ."

Las horas pasan y pasan y ellos siguen discutiendo allá en la delegación Miguel Hidalgo; mientras que aquí en el camellón de Palmas esperan casi 200 trabajadores.

Son cerca de las 6.00 p.m., a lo lejos veo a Cirilo formarse junto con sus compañeros para pasar lista y así poder recibir el próximo sábado su raya de $4,700.

Cirilo ignora que una locutora de televisión (¿compradora?), aseguró que los constructores negociaron con los vecinos protestantes y la torre continuará.

Punto, 30 de abril de 1984

¿DONDE ESTA JUAREZ?

"Ay tía, déjame decirte que para mí Televisa es lo má-xi-mo. No te puedes imaginar el evento social y cultural que organizó para lo de Diego Rivera. Les salió, tía, pre-cio-so. Invitaron a todo México. Eramos los 3 mil y algunos más, si cuentas a los camarógrafos y a los del servicio de seguridad. ¿Te acuerdas tía, del último que organizaron con los Picasso de Picasso? Bueno, pues desde entonces no había habido en México otro evento social y cultural de la misma categoría. Realmente, es una empresa notable. ¿Verdad tía, que todo lo que hace, está hecho con mucho profesionalismo y un gran sentido patriota? Ya ves qué magníficos son los programas del Canal 8. Para mí que Televisa debería comprar también el 11 y el 13. ¿Te imaginas todas las fundaciones culturales que podrían crear? Dime, si no es gracias a ellos, tía ¿qué cultura tenemos en este país? Estoy segura de que si viviera el maestro Rivera, que en paz descanse, estaría también muy orgulloso de Televisa.

Ay tía, pero déjame contarte lo que me sucedió en esta maravillosa exposición. Allí tienes tú, que estábamos la *Chata* Zorrilla y yo admirando, con la ayuda del catálogo, pintura por pintura. —Ahora que pase la temporada de lluvias, te prometo llevarte, te va a en-can-tar. Con decirte que hay un cuadro que se llama *El Modista*, del año 1944, y que gracias a la *Chata* caí en cuenta que es el mismo Henri de Chatillon que hacía tus sombreros ¿te acuerdas? Bueno, pues para no hacerte el cuento largo, de repente, viene a saludarme la *Güera* Saucedo, que hacía años que no veía, —por cierto tía, fíjate que su mamá está muy mala, pobrecita ¿no?— Y me dice la *Güera*: "Oye tú, ¿ya te fijaste que el cuadro de Benito Juárez, no aparece, como dice el catálogo?".

Entonces, junto con la *Chata*, fuimos las tres al mismo lugar donde debía haber estado Juárez ¿no? Y ya frente al muro vacío, volvimos a leer el catálogo, las tres al mismo tiempo: "Retrato de

Benito Juárez, 1948, Oleo/Tela 123X95. Colección Presidencia de la República". Como tú sabes tía, mi papá era juarista de hueso colorado, cosa que nunca entendí porque ya ves que nacionalizó todos los bienes de la Iglesia, bueno, pues no sé si fue en su recuerdo o que mosca me picó, y que les digo a la *Chata* y a la *Güera:* "Vengan conmigo, vamos con esta chica Renault a preguntarle por el cuadro". "Oye chula, le dije, ¿dónde está Juárez?" "Sssh, sssh", me contestó, poniendo el dedo contra la boca. En esos momentos, que la llama Emilio Azcárraga. ¿Y pasas a creer, tía, que me dejó con la palabra en la boca? "Aquí hay gato encerrado", le dije a la *Chata* y a la *Güera.* Entonces, tuve la idea de acercarme a unos señores que tenían cara de ser del museo y les pregunté con discreción: "Perdón, ustedes saben ¿dónde está Juárez? "Sssh, sssh", contestaron todos juntos, a la vez que me señalaban con la mano que hablara quedito. ¡Ay tía, que no aguanto ya tanto misterio, y que me pongo a preguntar a todo el mundo: "¿Dónde está Juárez, dónde está Juárez?" "Sssh, sssh", me hacían todos como si estuviera loca. Al verme la *Güera* tan exaltada, se despidió de mí y se marchó. Ya ves que siempre fue muy especial. En cambio, la *Chata* se quedó conmigo hasta el último.

Entonces, tía, se me ocurrió preguntarle a uno del servicio dónde se encontraba el sótano, pues no sé por qué pensé que estaba allí. Con muchas dificultades, por fin, me encontré en el sótano. Ay tía, había millones de pinturas modernas, todas arrumbadas en medio de esculturas y de una infinidad de otras cosas. De pronto, tía, como por arte de magia, mis ojos se toparon con un bulto a medio abrir donde se leía: "Presidencia de la Repúbica". Fíjate que, curiosamente, sentía una mirada muy profunda, que me veía desde el interior de aquel bulto. "Aquí está", pensé. De lo más nerviosa, comencé a quitar el papel. Ay tía, pues cuál no sería mi sorpresa de encontrarme con una fotografía del mismo Benito Juárez. Sí tía, era una foto, ¡te lo juro! Y con las mismas medidas que dice el catálogo que tiene la pintura. ¿Me creerías que casi me da un patatús? No sé cómo pude, pero volví a envolver la foto y salí corriendo de allí. Te juro que tenía la impresión, tía, de haber descubierto una cosa horrible. Con decirte que subiendo las escaleras, se me cayó un zapato. ¿Qué tan nerviosa estaría, eh? No me preguntes cómo logré salir de ese sótano. Pero esto no es lo peor. ¿Con quién crees, tía, que me topo a la salida? No me lo vas a creer. Con la misma Dolores Olmedo. Allí sí que casi me muero. Ya no tenía aliento. Sentía la cara llena de sudor. De lejos veía a la pobre *Chata* haciéndome señas. Ay tía, no sé cómo me armé de valor y con una voz muy patriota, le pregunté: "¿Dónde está Juárez?" "Sssh, sssh", me contestó. Se dio la media vuelta y se fue. Te aseguro tía que, desde aquella noche, no logro dormir. "¿Dónde está Juárez?", me repito una y otra vez: "¿Se habrán rehusado a prestarlo a Televisa? Pero ¿por qué? ¿Habrá desaparecido?" me digo. Y desde el fondo de mi cuarto siento, tía, que el mismo Juárez me hace: "Sssh, sssh".

unomásuno, 21 de septiembre de 1983

MISSING

¿Pasas tú a creer tía, que todavía no aparece Juárez? ¿No es el colmo? Nada más en un país como México suceden cosas así, tía, ¿te das cuenta de que estamos hablando de una pintura que le pertenece a la nación? A eso se le llama patrimonio nacional. Además de que se trata de un cuadro del maestro Diego Rivera. No es, por lo tanto, cualquier pintor. A tu juicio, ¿no encuentras tú todo esto rarísimo? ¿Que si los periódicos han dicho algo? Ni una sola palabra, tía. La prensa también hace shh shh, como me hacían en el museo cuando preguntaba por el cuadro. Ay, pero déjame platicarte, tía, el sueño que tuve. ¿Con quién crees que soñé, casi toda la noche? Con Juárez. Te lo juro tía, como lo oyes, con Benito Juárez. Sí ya sé, que he estado muy nerviosa desde entonces. Pero, déjame contarte (curiosamente, fue la noche del mismo día que la Chata Zorrilla y yo volvimos al Museo Tamayo, para ver otra vez, pero con más calma, la exposición de Diego Rivera). Ay, tía, pues fíjate que yo creo que se me removió todo, lo de aquel famoso día de la inauguración, cuando descubrí en el sótano la fotografía de Juárez que supuestamente iba a reemplazar el cuadro que nunca llegó. Otra vez al recordar que faltaba, se me vuelve a derramar la bilis. La pobre de la Chata trataba de tranquilizarme: "Cálmate, me decía, a la mejor está en el Louvre o en el Museo del Prado". Ya ves que la Chata siempre ha sido, desde que era chica, muy muy ingenua. Esa noche llegué a la casa muy sobresaltada. Ya ni merendé: Antes de acostarme, me tomé una cuchara sopera de bicarbonato y dos de Pasiflorina. Sin exagerarte tía, caí a la cama, ren-di-da. No sé entonces, en qué momento de mi sueño, se me apareció el cuadro de Juárez. ¿Te das cuenta de lo obsesionada que estoy? Ay tía, se veía, no te puedes imaginar, super, pero super pálido (ya ves que era bastante moreno). Parecía sin exagerarte, de cera. Me dio una pena el pobrecito. "No me hallo, me decía con una voz de tener un nudo en la garganta, sigo extraviado. ¿Dónde estoy? ¿Dónde estoy?", decía lentamente. Tenía, tía, una mirada tan triste, tan desolada. De repente, sentí que me desperté sobresaltada. No sabes tía, la angustia que me entró. Me tomé otra cucharada de pasiflorina y me puse a leer mi *Imitación de Cristo*, que tú me regalaste hace muchos años. ¿Te acuerdas? Fue inútil, no lograba concentrarme. Entonces, fíjate tía que me acuerdo del anuncio de Locatel que dice que si llamas al 658-11-11 puedes reportar a desaparecidos. Pues, allí me tienes tú hablando a esa hora de la noche: "Bueno; señorita, le dije, quisiera localizar el paradero del señor licenciado Benito Juárez. Mire, le dije, es de tipo indígena (en estos casos tía, es preferible decir la verdad, aunque sea dolorosa), no es muy alto, le dije, es de tez morena y tiene una mirada muy inteligente. Me preguntó cómo iba vestido. Ay tía, tu sabes que siempre fui muy mala en historia de México, pero yo creo que el Espíritu Santo me iluminó, porque me acordé muy bien de todo, de su traje negro de levita, de su camisa blanca y corbata negra, hasta de su sombrero de copa me acordé, tía. Le hice notar a la señorita que en el pecho llevaba una banda tricolor, cosa que le llamó la atención. "¿Dónde estaba la última vez que supieron de él", me preguntó. Y yo le dije la verdad, tía "la última vez que supimos de él, señorita, estaba en Los Pinos, allá por Molino del Rey", le dije con mucha seguridad. Me hizo repetirle varias veces esto último, yo creo que porque ya era muy tarde. Pero me dí cuenta, tía, que tomó nota, porque todos los datos me los volvió a leer. Ay tía, tu crees que lo van a encontrar? ¿Qué no fue él quien dijo que "el respeto al derecho ajeno es la paz?. . . "

unomásuno, 4 de octubre de 1983

MUJERES EN EL CASTILLO

Cuando me llamaron hace unas semanas de la Unidad de Servicios Culturales de la Delegación Miguel Hidalgo para proponerme participar en unas pláticas en el Castillo de Chapultepec, de inmediato respondí con tono eufórico: "Sí, sí, claro que sí con mucho gusto. ¿Cuándo? Perfecto. ¿Cuál es el tema? Ah, el que yo quiera. Bueno pues muy bien. Cuente conmigo. Gracias. Adiós". Al colgar, sentí las manos sudorosas y pensé: "¿De qué diablos les voy a hablar?".

Durante todos estos días he estado reflexionando sobre el tema. "¿Y si les hablo del problema de la falta de agua y les digo que cada vez que jalan la cadena, como se decía antes, se gastan 15 litros y que desde que me enteré, ya ni ganas tengo de ir al baño y que a lo mejor me voy a morir de una oclusión intestinal; que cada vez que paso frente al edificio que tendrá 38 pisos, ese que está en construcción en Avenida de las Palmas Num. 800, no quiero ni imaginarme los millones de litros de agua que se desperdiciarán por minuto en 608 baños que habrá entre 152 departamentos de lujo, además de las dos piscinas que tendrá en los últimos pisos. Les podría contar que hace unos meses mi Delegación distribuyó unas bolsitas ahorradoras de agua para que sean colocadas en el tanque del excusado, pero que también se podrían usar como para sondas y así poder ahorrar además de agua, tiempo, pero que desgraciadamente ya se terminaron y que ahora hay que utilizar unas botellas de jugo Jumex y ponerlas en lugar de las bolsas de plástico?

¿Y si les hablara más bien de nuestro nuevo proyecto periodístico, La Jornada y les contara, que ya pronto va a salir y que va a ser un diario que ofrecerá muchas alternativas importantes? También podría comentarles mis impresiones acerca de Las Lomas y les digo que encuentro esta zona residencial medio muerta, a pesar de sus árboles y sus grandes avenidas. Que allí la gente vive aterrada, de que la roben y que los grandes muros de sus casas los hacen quizá sentir más protegidos pero completamente aislados de la realidad, y que por las noches sus calles están desiertas, y que entonces es más peligroso e inseguro caminar por ellas que hacerlo por la colonia Virgencitas en Ciudad Nezahualcóyotl, donde todos los vecinos se conocen.

También les podría contar aquella anécdota de una señora de Las Lomas que junto con una amiga se pierden cerca del Mercado de la Merced y que entonces le preguntan a un señor que con dificultades está empujando su "diablo" con muchas cajas repletas de naranjas: "Señor, señor, por dónde voy para ir a Virreyes" y entonces el señor las mira, sin verlas y no entiende y cree que le están hablando de historia y les dice que no sabe, y ellas furiosas cierran la ventanilla de su coche LTD y opinan: "pobre es que es un naco, ni aunque le hubieramos dicho que estaba cerca de la Boutique de Aries sabría". Porque les diría que las de las lomescas no conocen la ciudad, y que lo más lejos que suelen ir es a la Zona Rosa.

¿Y si les hablara de la inflación, ahora que recién acaban de subir la gasolina, el azúcar y los huevos a 140.00 y les sugiero que mejor no los coman porque dice el Time Magazine que provoca colesterol. A propósito de esto, les podría decir que una vez me representé a la inflación como una gorda en patines que no deja de corretearnos y que nos persigue por todos lados. Inclusive me llegué a topar con ella en el periférico. La veía correr a toda velocidad por entre los coches haciéndonos gestos y sacándonos la lengua. Entonces, no me aguanté, bajé el cristal y le grité: "Gorda horrible, déjanos en paz, todo el mundo te odia, ya sé como te llamas, eres la pinche inflación". Me acuerdo que se me puso enfrente y me dijo, con una sonrisa: "A ver quién me puede controlar?" Pero les diré que mejor no se preocupen porque la inflación provoca inflamación y que la de aquí no es nada, junto a la de Argentina que es de 400 por ciento.

Podría, así mismo, hacerles notar que curiosamente, este último aumento de la gasolina, fue publicado justo el viernes de Dolores, causándonos claro, fuertes dolores de cabeza, al pensar también en los pocos dólares para las vacaciones, porque aunque parezca increíble les diría, que la gente con posibilidades sigue viajando como antes, y que estos días la Embajada de los Estados Unidos y los bancos, tenían frente a sus puertas interminables colas de viajeros ansiosos por salir de esta "pinche" ciudad.

¿Y si les dijera a los que se quedan en la capital durante la Semana Mayor, que podrían aprovechar el Jueves Santo para visitar Las Siete Casas, de siete expolíticos y que adonde también podrían ir es al parque hundido? Les contaría que esta semana, llevé a mis hijos y que me impresionó mucho encontrarme hundida en medio de tantos árboles y flores y de muchas notas musicales que salen quién sabe por dónde, y que por un buen rato, se me olvidó que estábamos a unos metros de Insurgentes. ¿Y si les platico que ayer igual sentí de bonito, cuando estuve por primera vez en el centro de Tlalpan, con sus portales, su gran iglesia y su mercado sostenido por sólidas columnas de ladrillo? Podría también referirme al Castillo de Chapultepec que tanto me gusta, y que aquí entre nos, no tiene nada que ver con aquél Castillo de la Pureza Negra, ese que está por el Ajusco y que también es museo. Podría aprovechar y hablarles mejor de la corrupción y les digo, que como a muchos de nosotros, me provoca erupción y comenzón en el corazón. No, no me lo creerían. Mejor les platico que ayer me enteré, en una conferencia, que a los del D. F. se nos llama ahora: "defeños", y que a los del estado de México, se les conoce por mexiquenses, y que todos juntos, estamos llevando de alguna manera nuestra cruz en esta acalorada crisis que tanto nos agobia y que tiene a muchos, pero a muchos crucificados. Como si todo el año fuera un Viernes Santo. ¿Y si mejor no voy, y así no les digo nada porque mi problema es que siempre quiero decir mucho? No, no tengo que ir, pero entonces ¿de qué, de qué diablos les voy a hablar?

Punto, 26 de abril de 1984

VECINOS PREOCUPADOS

Preocupados, angustiados, intranquilos, pero sobre todo indignados estaban la noche del martes los vecinos de la cuarta sección de las Lomas de Chapultepec. Reunidos aproximadamente 150 vecinos, manifestaban sus inconformidades, sus protestas y principalmente los abusos que se han venido cometiendo dentro de esta zona residencial, a pesar de las constantes quejas dirigidas al delegado, Manuel Díaz Infante. Decenas de circulares se distribuyeron en todas las casas de la cuarta sección: "Vecino ¡te necesitamos! —comienza por decir el texto—: las Lomas de Chapultepec está siendo ¡DESTRUIDA! Cada día nos invaden más oficinas, comercios, edificios, escuelas, radiodifusoras. . . Destruyendo las áreas verdes y violando el uso del suelo. Sufrimos: ruido, congestionamiento, contaminación, puertas bloqueadas. ¡Tenemos que unirnos para defender nuestra calidad de vida! No dejes de asistir a la junta el 11 de febrero, 1986, en Virreyes 945. A las 20 horas. Vecinos preocupados" firman la circular.

Son dos minutos después de las ocho de la noche y ya se ven muchas sillas ocupadas. Conforme van entrando a la sala, se saludan con un ligero movimiento de cabeza, como queriéndose reconocer. Algunos se platican amistosamente. Otros se sientan en silencio y esperan con paciencia, mirando de frente hacia dos pinturas antiguas, un señor y una señora, seguramente antepasados de la dueña de la casa. Por lo general los que llegan son matrimonios con cara de abuelos muy dignos y respetables (¿será esta una de las secciones más viejas de las Lomas?). Finalmente, se da inicio a la junta. Después de la presentación del que será encargado de la cuarta sección, se empieza por abordar los diferentes problemas. El primero que sale a relucir es el más preocupante de todos: la instalación de una radiodifusora sobre la avenida de Virreyes número 1030, en donde se instaló recientemente una torre de 75 metros. A raíz del pasado temblor del 19 de septiembre, las instalaciones de Sonido 89, que se encontraban en las calles de Jalapa en la colonia Roma, se vieron afectadas; por tal motivo, tuvieron que cambiarse cuanto antes y a donde fuera, para no estar mucho tiempo fuera del aire. Sonido 89 pertenece al grupo Programusic, "música ambiental que no distrae la atención del personal, lo motiva".

Cuando se empezó a hablar de este problema, todos los vecinos querían intervenir: "A pesar de la cantidad de sellos de clausurado que pusieron en todas las puertas, siguen funcionando como si nada. Lo que pasa es que con un serrucho hicieron una puertita por la entrada de servicio y por allí se meten. Para colmo tienen un policía que cuida la entrada", apunta una señora con voz mortificada. "No obstante todas las cartas que ya hemos enviado al delegado, no nos han hecho caso. Hasta enviamos unas a la Secretaría de Comunicaciones y Transportes", dice el representante de la sección. "Para mí que le están dando dinero al delegado. ¿A ver, por qué no hace nada?", pregunta una señora muy peinada. "Yo incluso les tomé cine para llevarle la película al delegado. Los tengo bien checados, a qué horas entran y salen", agrega otra vecina con acento al hablar. "Creo que los dueños son de Guadalajara. La casa costó 135 millones de pesos", asegura un señor de bigote entre cano y rubio. "No hemos sabido darnos a respetar. Nos están viendo la cara. Yo creo que la única solución es hacer una manifestación, grande, frente a la radiodifusora. Traemos a la televisión y la prensa. A ver si así nos hacen caso", exclama la señora de la casa. Todos aplauden. Dicen que sí con la cabeza.

"Queridos vecinos —dice uno de voz solemne, poniéndose de pie con mucha determinación—: nos tenemos que unir. Yo hace cuarenta y tantos años que vivo en las Lomas. Aquí viven mis hijos y mis nietos. Las Lomas son los únicos pulmones vivos de esta ciudad. No permitamos que se contaminen ni que se enfermen. Yo quisiera ayudarles en lo que pueda. Todos los días me pueden llamar por teléfono, de las ocho a las once de la noche, salvo los miércoles que juego canasta. Con mucho gusto escucharé sus problemas. Porque las Lomas no han muerto ni morirán. Viven y vivirán para siempre", dice con voz conmovida. Todos aplauden mucho, mucho. Al fondo una señora agrega: "También tenemos que denunciar las oficinas que instalaron en Reforma 1435. Aunque no sea mi sección, los coches estacionados llegan hasta mi calle en Monte Blanco. Es el Comité Ejecutivo de la Comisión Organizadora del Mundial de Televisa. Es el colmo que les hayan dado permiso. Tengo entendido que en una semana les pusieron 10 líneas de teléfono". En esos momentos un señor fuerte y formal se para y habla: "Señora, esa casa era de don Emilio Azcárraga. No hay nada que hacer. Yo sé por muy buenas fuentes que don Ramón Aguirre les ha dado todo tipo de facilidades. Lo que hay que preguntarnos ahora es qué será de esa casa cuando se acabe el Mundial, en qué otro negocio lo ocuparán".

Para entonces, la sala estaba a reventar. Había mucha gente de pie regada por los demás salones. "Tenemos que protestar, los de las Lomas pagamos impuestos altísimos", comenta quedito una vecina con otra. "Yo quisiera hablar de la contaminación. Cada vez está peor, y esto me preocupa. Yo propongo mandar a hacer un millón de mascarillas como en Japón y revenderlas a mil pesos más cada una, para poder hacer un fondo que sirva para luchar contra la contaminación. Los del gobierno ya no tienen dinero. De un millón podríamos sacar cien mil millones de pesos, o cien millones, a la mejor son hasta mil millones o cien mil; en fin no sé pero es mucho dinero", explica una señora que aparentemente tiene gripa. Todos aplauden y dicen que sí con la cabeza. "Con respecto a la contaminación, yo quisiera agregar que nuestras mucamas, por flojas, dejan la basura en cualquier esquina por no esperar al carro. Nosotros tenemos la obligación de educar a nuestras mucamas. A muchas de ellas las mandaban para que dejaran decenas de bolsas de basura frente a la casa de Hank González. Eduquemos a nuestras mucamas y también eduquémonos a nosotros mismos. ¿Cuántas veces cuando vamos a misa no dejamos los coches sobre el camellón?". Todos aplauden y dicen que sí con la cabeza.

"Señores, no nos queda más que unirnos y hacer un plantón frente a la radiodifusora. Yo me encargo de la prensa y la televisión. El plantón será la semana próxima a las ocho de la mañana. Yo les aviso con una circular. Gracias. Buenas noches", dice con toda amabilidad la dueña de la casa. Se levanta la sesión. Poco a poco salen los vecinos. Afuera, a lo alto, brillan como estrellas los foquitos de la torre de 75 metros de la radiodifusora de Sonido 89, música ambiental para relajar los nervios de gente preocupada.

La Jornada, 15 de febrero de 1986

LOS PLANTONES DE LAS LOMAS

El jueves 29 de mayo se llevó a cabo el segundo plantón (el primero fue el 30 de abril) ante la Fuente de Petróleos organizado por la Unión de Colonos de Las Lomas de Chapultepec, A. C., en protesta por el alza indiscriminada del impuesto predial. Desde las 11 de la mañana, el tráfico en Reforma comenzó a entorpecerse. Decenas de colonos de Chapultepec Morales, de las Lomas de Chapultepec y de Polanco se mezclaban entre los coches distribuyendo volantes. Muchos de ellos eran jubilados o retirados que no pueden pagar

los aumentos del 400 al 700 por ciento. Los más jóvenes invitaban a los conductores a que bajaran a protestar: " ¡Bájate, no seas flojo, hazlo por México!". Algunos, principalmente señoras, se bajaban de su coche, dándole instrucciones al chofer para que continuara. Otros se limitaban a aplaudir o a tocar el claxon. " ¡Bravo! Los apoyamos", exclamaban con el brazo levantado, al avanzar lentamente. Señoras y señores con cara más bien de gente decente llevaban en las manos pancartas donde se leía: "No más golpes a la economía familiar", "Aumento del predial, excesivo". En lo alto del túnel del Periférico, a la altura de la Fuente de Petróleos, había mantas que con grandes letras decían: "Protesta al predial excesivo. ¡Unete!", "Repudio al alza indiscriminada del predial".

Solamente había una patrulla para cuidar que todo marchara en orden. El joven agente se veía más bien solidario con los manifestantes: " ¡Cómo no voy a estar con ustedes, si el problema viene desde arriba! Los de arriba se lo embolsan. El pueblo ha estado demasiado tiempo dormido. ¡Es hora de que despertemos!", le decía a la señora Laura Mestre de Legorreta, Vocal de la Unión de las Lomas de Chapultepec y ex presidenta de la Asociación de Residentes de Las Lomas, Primera Sección. "Miren, miren, allí va un camión de turistas, vamos a darles unos volantes para que ellos también sepan por qué protestamos", decían entre ellos mientras corrían y lanzaban los volantes por las ventanas. Los turistas decían adiós con la mano y agradecían el papelito.

Unas horas más tarde, el actual Presidente de la Unión de Colonos, ingeniero Alfonso Andión, quien también estaba en la calle con su pancarta, obtenía la confirmación de audiencia para el miércoles 4 de junio con el subtesorero de Catastro y Padrón Territorial de la Tesorería del Departamento, arquitecto Rafael Moranchel González.

En efecto, los colonos de Las Lomas se han visto últimamente muy afectados por una serie de irregularidades y de violaciones al uso del suelo. Por esta razón, desde hace algunos meses han reactivado lo que en 1974 se llamó la Unión de Colonos de Las Lomas de Chapultepec, A.C., que se vio debilitada cuando la Delegación dividió Las Lomas en ocho secciones. Entre todos sus presidentes y representantes, la que más ha trabajado y luchado por lograr una conciencia dentro de Las Lomas es Laura Mestre de Legorreta.

Ex alumna del Colegio Regina, egresada de Ciencias Humanas de la Universidad Anáhuac, casada, ama de casa, madre de dos hijos y con 37 años, Laura se ha convertido desde la estatización de la banca, como insiste en llamarla, en la portavoz más importante de Las Lomas, pero sobre todo en su representante ante las autoridades. Prácticamente todo su tiempo lo dedica a los problemas diarios que se suscitan dentro de Las Lomas. En su archivo personal ha llegado a juntar 700 cartas que ha escrito a lo largo de estos cuatro años al Presidente de la República, a la Contraloría, al regente y por supuesto muchas al delegado en turno. Ha organizado seis manifestaciones junto con las demás presidentas de las diferentes secciones. Una de las que tuvieron más éxito fue la que realizó en protesta por las violaciones sexuales a los menores de edad. Junto con ellos marcharon colonos de Lindavista, del Valle y Doctores que protestaban por las mismas razones, pero a quienes las autoridades nunca atendieron. Después de la manifestación, el regente de la ciudad, Ramón Aguirre, las recibió. Días más tarde fueron encontrados cuatro de los violadores.

Lo que tiene más preocupados a los colonos de Las Lomas es la apertura de oficinas que diariamente se abren en zona habitacional con licencia de "uso especial". Se ha podido comprobar que entre más se les exige a las autoridades que cumplan con la Ley de Desarrollo Urbano, a través de los planes parciales del Distrito Federal, más se propicia la corrupción.

Laura Mestre cuenta, por ejemplo, que el subdelegado de Obras y Servicios le informó que la empresa constructora Molet y Molet, que está edificando actualmente el centro comercial Plaza Lomas sobre el Periférico, entre Reforma y Palmas, donó un camión de basura por un valor de 20 millones de pesos para uso de la Delegación. Laura asegura también que el regente de la ciudad donó a este centro comercial la calle de Volcán. El jefe de Proyectos de este centro es el arquitecto Díaz Infante, primo hermano del delegado de la Miguel Hidalgo, licenciado Manuel Díaz Infante.

La Jornada, 31 de mayo de 1986

REFLEXIONES SOBRE LA MARCHA

"¿Que si fui a la marcha del miércoles para protestar contra el intervencionismo de Estados Unidos? ¡No estoy loca!!!!! Si lo que más necesitamos los mexicanos en estos momentos es, precisamente, que los americanos intervengan todavía más en nuestros asuntos. Ellos sí saben cómo hacerle. Todavía no me explico cómo permitieron la manifestación, estando las relaciones entre los dos países como están actualmente. Híjole, nada más de pensar lo que dijeron los gringos con esto me da vergüenza. Se han de haber carcajeado de nosotros hasta cansarse. ¿Cómo es posible que a estas alturas todavía nos atrevamos a ponernos a patadas con el país más poderoso del mundo, después de todo lo que nos ayudan, después de todo el dinero que les debemos y que les deberemos toda nuestra vida? Y todo por culpa de ese falso orgullo nacionalista que tienen algunos mexicanos acomplejados. Si seguimos con esta actitud "digna", nos vamos a ir en serio hasta el mero fondo de este pozo en que nos encontramos. Bastantes espectáculos ya hemos dado al mundo, para seguir haciendo el ridículo con 'marchitas'. . . Pero, ¿qué no entienden estos 'progresistas' que estamos cansando a Estados Unidos, que ya bastante lo hemos hecho con la política de Centroamérica? Pero ¿qué diablos fue lo que les molestó, que Helms, un senador que nadie conoce, nos dijera nuestras verdades? ¿Qué acaso mintió cuando dijo que México tenía 'problemas de drogas, corrupción, economía ineficiente, fuga de capitales y desempleo'? Pero si pudo haber dicho todavía más: fraudes electorales, contaminación, inflación, etcétera, etcétera. Para mí que se quedó corto. ¿Eso fue lo que los ofendió? ¿Por eso organizaron la manifestación? Basta con que un extranjero nos meta el dedo en la llaga para que saltemos, ¿verdad? En lugar de estar brincoteando en marchas como *jumping beans* deberíamos de hacer todo lo posible por tratar de cambiar nuestra imagen hacia el mundo. En vez de estar ahogándonos en un vaso de agua y hacerle publicidad a un desconocido, por culpa de nuestra susceptibilidad tercermundista, deberíamos callarnos la boca y sonreírles lo más posible. ¿Qué todavía habrá muchos mexicanos que no se hayan dado cuenta que dependemos completamente de Estados Unidos? Ya me imagino cómo ha de haber estado de preocupada la Banca nacionalizada con esta manifestación. Se han de haber estado mordiendo las uñas, pensando en los intereses que se estaban acumulando, mientras unos gritaban: 'México, sí. Yankees, no'. A mí, el que más me preocupa con todas estas metidas de pata es el pobre de Silva Herzog. Ahora, ¿con qué cara va a ir a pedir más dinero? Estoy segura de que los pobres, los que verdaderamente sufren con esta crisis, no tienen ni idea de lo que es la soberanía nacional, ni les importa. Ellos lo único que quieren es comer.

"Además, ¿cómo iba a ir la manifestación poniendo en peligro mi visa americana? ¡No estoy loca!!! A mi manera de ver, creo que cada vez la estamos regando de más en más. Primero, 'corrimos' al guapísimo de John Gavin con tantas críticas, y después nos ponemos a insultar a los cuatro vientos a Reagan, después que se preocupa tanto por los problemas de México. No hay que olvidar que es el del dinero, pero también el del garrote.

"No tenemos de otra más que aguantar las críticas. Además, pienso que son sumamente saludables. Justamente una de las cualidades que tiene el famoso libro de Riding, es su crítica y sus análisis que hace acerca del sistema. Su mérito es haber provocado tantas polémicas que nos hicieron reflexionar e incluso hasta reaccionar. Por eso, esto último de Helms me parece sano y positivo, porque nos pone frente a un espejo. Es lógico. Pero a veces sirve, porque ayuda a aceptarse como es. Nosotros los mexicanos debemos aceptar que somos un pueblo corrupto, ineficiente, sacadólares, y porque nos pone frente a un espejo. A nadie que está muy feo, muy feo, le gusta verse en el espejo. Es lógico. Pero a veces sirve, porque ayuda a aceptarse como es. Nosotros los mexicanos debemos aceptar que somos un pueblo corrupto, ineficiente, sacadólares, y encima de todo eso, feo. Es nuestra realidad. Pero lo más importante es que aceptemos que ne-ce-si-ta-mos de la intervención de Estados Unidos, porque sin ellos estamos a-mo-la-dos. Y si los seguimos agrediendo se van a cansar y nos van a mandar mucho a. . ."

Así me dijo una amiga cuando le pregunté si había ido a la manifestación del miércoles.

La Jornada, 24 de mayo de 1986

DIA DE LAS MADRES

La publicidad solía pintarnos a las madres como dulces cabecitas blancas rodeadas del cariño de los hijos. Pero esa bellísima imagen no corresponde a todos los modelos de madre. Hay varios. Veamos aquí algunos ejemplos, describiendo su comportamiento en el día más bello del calendario.

Madre cursi. La mamá cursi se despierta muy tempranito sintiéndose más que nunca la estrella del hogar. Se mete al baño, se da una peinadita y con un pincel se pone unas ligeras chapitas. Baja a desayunar con su "mañanita" color durazno y con cara de moño espera a los niños y a su marido. Cuando ya están todos juntos, le cantan *Las Mañanitas*. Ella las escucha de la mano de papá y de la más pequeña. De pronto, deja escapar una leve lágrima y dice: "Ustedes son mi mejor regalo". Todos la abrazan y le dan los mejores obsequios, que realmente esperaba: un reloj Pelletier de París, una sanduichera Osterizer y una blusa de seda italiana de la boutique Frattina. La más chiquita le regala un marco en forma de corazón hecho en el colegio con pasta de sopa, y abrazándola muy fuerte le dice: "Mami, te quiero mucho".

Madre aprensiva. Como todos los días, amanece nerviosa y preocupada. Baja a la cocina y se pone a lavar las naranjas con agua electropura. Cuando ya tiene el desayuno listo llama a los niños y a su marido. "No se vayan a caer de las escaleras; pónganse sus pantuflas", les advierte nerviosamente. Los hijos bajan corriendo, cada uno con el regalo escondido tras las espaldas. "Muchas felicidades, mamá" exclaman, mostrándole la sorpresa. "Muchas gracias, mis hijitos. Pero ¿con quién fueron a comprar el regalo? ¿Se fueron en camión? ¿A qué horas regresaron? ¡Qué horror! Los pudieron haber asaltado saliendo del almacén. ¿Los acompañó su papá? ¡Qué barbaridad, no me digan que fueron solos! Hoy mejor no salimos, porque como los ladrones saben que es Día de las Madres, es cuando más roban las casas que se quedan solas", comenta mortificadísima.

Madre sufrida. Con una gran acidez en la boca del estómago recibe sus regalos, sufriendo más que nunca. Cuando le proponen comer todos juntos, explica: "Sí, yo encantada de comer con ustedes, pero yo no sé si ustedes tienen tiempo. ¿Cómo van a seguir gastando en mí? Mejor váyanse ustedes a comer sin mí. Yo me quedo aquí en la casa a cuidar a mis nietos. Allí quedó un poco del guisado de ayer, con eso me basta; además quisiera arreglar la covacha y la despensa. Váyanse ustedes y disfruten mucho, por mí no se preocupen", dice esta mamá.

Madre culposa. La culpabilidad de estas mamás es verdaderamente insoportable para sus hijos. Entre más las quieren y se lo hacen sentir, más se sienten culpables. "Gracias hijos, por quererme tanto. Ustedes sí que son buenos hijos. Si supieran lo mala hija que fui yo con mi madre. A mi abuela casi nunca la visité. Y si hubiera conocido a mi bisabuela, estoy segura de que no la hubiera querido. En el fondo siento que no sé ser madre. Seguramente tampoco seré una buena abuela. Espero morir antes de ser bisabuela para que mis bisnietos no me rechacen. Perdónenme, hijos míos, si no he sabido ser una buena madre, como ustedes son buenos hijos. No los merezco", acaba diciendo entre llantos.

Madre desmadre. Estas mamás son un verdadero relajo. Hasta en el Día de las Madres se hacen bolas. Cuando por la mañana sus hijos las felicitan, dicen: "Pero si hoy no es día de mi cumpleaños. Gracias de todas maneras. No sé por qué pensé que ya había pasado y a ustedes se les había olvidado". Cuando por fin descubren que es un día especial, se les ocurren los planes más complicados del mundo. "¿Por qué no nos vamos de día de campo al Popo? No, mejor vamos a desayunar al mercado de San Angel. Ya sé, vamos todos a correr a la Tercera Sección de Chapultepec. O si quieren, los llevo a Reino Aventura y yo les celebro el Día de las Madres". Finalmente, esta mamá se pasa toda la mañana hablando por teléfono, luego va corriendo al salón y llega a su casa a las 3:30 de la tarde. Como todos están de pésimo humor por haberla esperado, terminan comiendo en la casa y por la tarde se van a pasear a Perisur.

Madre liberada. Estas mamás son la buena onda; por lo general se burlan de este día y procuran no festejarlo. "Niños, ya me voy a una asamblea. Allí se cocinan lo que hay en el refrigerador. Si viene su papá, díganle que llego hasta la noche. Si salen, cierren bien la puerta y no se propasen con las novias. A ustedes, niñas, sí les doy permiso de propasarse", sugieren alegremente.

Madre realizada y feliz. Cuando se despiertan, gritan felices desde su recámara: "Gorditos, ya pueden entrar. Mis chaparritos lindos, trépense a la cama para que nos apapachemos todos juntos con papi". Cuando ya están todos trepados, no cesan de darles a sus hijos muchos besitos; los pellizcan, les hacen cosquillas y entre carcajadas les dicen: "Mis hijitos preciosos, cuando ustedes estaban en mi panza, yo era la mujer más feliz del mundo, y ahora soy la mamá más feliz del universo". Este día, a estas mamás tan felices les da por cocinar pasteles. Todo el día cantan. Y por la noche en su cama le dan gracias a Dios por haberles concedido el milagro de ser madres.

Madre insegura. "¿De veras me lo festejan a mí en lo personal, o nada más conservan la tradición?", les preguntan a sus hijos antes de abrir sus regalos. Cuando los ven preguntan: "¿Estaba de barata? Me regalan porque les doy lástima, ¿verdad? Porque ya me ven muy vieja y creen que me voy a morir muy pronto, ¿verdad?".

Madre mala y amargada. "Toc, toc", tocan a la puerta sus hijos. "¿Qué quieren? ¿Qué no ven que seguimos dormidos? Sí, ya sé, hoy es Día de las Madres. Ya les he dicho que eso es una cursilería. Es pura hipocresía por parte de los hijos. Y por favor no me vayan a regalar nada, ¿eh? Ni mucho menos trabajitos bordados de la escuela, que por lo general están muy mal hechos y luego no sé qué hacer con ellos". A regañadientes acepta ir a comer al restaurante. Allí a las hijas casaderas les dice con toda su amargura: "Tus amigas *casadas* ahorita están con sus hijos y sus *ma-ri-dos*. Tú ya no estás para escoger, estás para arrebatar lo que haya. Cuando yo tenía tu edad, ya habían nacido Rafaelito y Carmelita". Cuando por fin logra hacerlas llorar, agrega: "¿Para esto me invitaron a comer? ¿Para hacerme pasar corajes? Mira nada más que fea te ves llorando. Así ¿quién se va a querer casar contigo?", pregunta con una sonrisita.

Como se ve, no es cierto que madre sólo hay una.

La Jornada, 10 de mayo de 1986

¿DUDAR O NO DUDAR?

¡Qué horror!, pero fíjense que de unas semanas para acá ando sacadísima de onda. ¿Qué es lo que me pasa? No sé. Es algo muy especial, algo así como un sentimiento de zozobra. Siento una terrible lucha en mi fuero interno, como dicen los siquiatras. Es una pugna que no me deja tranquila, que no me permite ver claro, que hace sumir mi espíritu, de por sí inquieto, en una profunda incertidumbre. Se lo juro que últimamente, no sé ni qué onda conmigo. ¡Qué horrible es la indecisión! ¿verdad?

¡Qué difícil es en efecto, ser congruente con uno mismo! Por más que hago, apelo a la objetividad, a la razón y a la serenidad, cada día que pasa escucho voces cada vez más enojadas en mi interior. A gritos me dicen: "La nación es de todos, nada con nosotros estará en disputa."

" ¡Falso! Ellos comparten las visiones más intervencionistas de Estados Unidos sobre México".

"No es cierto, nosotros, como la Constitución, creemos que hay que buscar la mejor forma posible de convivencia humana, esa no se consigue con ataques. Nosotros jamás permitiremos que embajadores intervengan en política interna como ustedes lo han permitido". "¿Ah, sí? ¿Entonces cómo se explican la presencia de Gavin en Hermosillo? ¿No cuentan acaso con todo el apoyo de Washington, aparte del de la Iglesia?" "Lo malo con ustedes es que todo lo quieren estatizar, en cambio nosotros defendemos los derechos individuales frente al Estado. De ninguna manera alimentaremos más a ese monstruo de siete cabezas". "Ah, pero qué ardidos los dejó la expropiación bancaria ¿verdad?". "Ardidos ustedes, porque saben las posibilidades que tenemos en las próximas elecciones presidenciales. Más que la corrupción, les preocupa nuestra fuerza". "¿Fuerza? ¿Ustedes? Fuertes nosotros que sí estamos organizados, preparados, que sí contamos con 50 años de experiencia". "Ah ¿síií?, a poco ya se les olvidó aquello de. . . " y así siguen discutiendo sin parar.

¿Se dan cuenta en qué infierno vivo últimamente? Reconozco mi vulnerabilidad y mi falta de convicción hacia el partido en que creía, el tricolor. Aquel que nos ha dado tanto, que nos ha cobijado por tanto tiempo pero que también nos ha dejado en las últimas. Partido ciertamente de espíritu revolucionario, pero partido, a la vez, desconcertante. ¿Será acaso que los del PAN me están convenciendo poco a poco? ¿O mis dudas se deberán a mi escepticismo por el PRI? ¿Por qué de pronto la prensa se empieza a ocupar tanto del PAN? ¿Por qué, por qué? Por favor, no quiero que piensen que soy una ingrata; todo lo contrario, lo que más deseo es seguir creyendo en el PRI. Pero ¿qué hago, cuando me ganan la desconfianza, la decepción y la desesperanza? Aquí entre nos, el PRI me tiene desencantada. Tan es así, que últimamente cuando conozco por primera vez a un funcionario priísta, ya no le digo: "Encantada", le digo: "Mucho susto". Es horrible, ya lo sé. Créanme que lo reconozco. Por eso desde hace unas semanas me encuentro, como se dice vulgarmente, "en el ácido".

Permítanme platicarles las enormes dudas que me asaltaron cuando leí el magnífico reportaje de Julio Hernández y Pablo Hiriart en la sección Perfil (*La Jornada* 11-X-84). Cosas de la agenda del PAN como con respecto al tema del trabajo: ". . . abriremos las puertas para que los obreros arrojen de los sindicatos a suplantadores como La Quina. . . " Claro que en ese caso también dicen que le abrirían la puerta a Fidel Velázquez y eso sí ya es muy discutible, pero lo que quiero es que alguien le abra la puerta a la Quina.

En lo que se refiere a la iniciativa privada y la comunicación social, dice el PAN: "Televisa es una concentración, una convivencia entre el régimen y un grupo de iniciativa privada. Como producto de la democratización de la propiedad, Televisa será dispersada entre muchos propietarios, tal vez los propios trabajadores del consorcio". Entonces pienso, si gana el PAN, Televisa ya no sería nada más de Azcárraga, Miguelito Alemán y Rómulo O'Farrill. ¡Qué ma-ra-vi-lla! Votemos por el PAN. Pero luego me digo: como Zabludowsky, Raúl Velasco, Astor, Daniela Romo, etcétera, etcétera, son trabajadores, ¿serán entonces ellos los próximos propietarios? No, ¡qué horror! Sin embargo, sigo dudando porque por lo menos el PAN dice que "Televisa será pulverizada". En cambio, dirigentes del PRI aseguraron en días pasados. . . "avanzar para que esa industria (Radio y Televisión) trabaje con una mayor certidumbre jurídica, dentro de los cauces legales, debido a su nacionalismo y responsabilidad social".

¿Ahora me entienden por qué dudo? Sí, ya sé, me van a decir que si revisara las agendas de los demás partidos, dudaría todavía mucho más. No hay duda, pero lo grave no es tanto el hecho de dudar, sino lo que mueve a dudar. Por eso repito que me encuentro literalmente en el ácido. Y usted ¿no duda?

La Jornada, 26 de abril de 1985

PRI
PSUM
PRT

CRONICA DE UNA FUTURA CIUDADANA

Ese día se despertó más temprano que de costumbre (10:00) y sobresaltada se dijo: "Híjole, tengo que votar. Hace mucho cumplí la mayoría de edad y nunca he votado. Pero ¿por quién, dónde se vota, cómo se llama mi candidato, cuál es el número del distrito de Las Lomas, qué cosas hacen los diputados, cuántos partidos hay? Dios mío, no puedo llegar a ser una buena mexicana si no voto, pero por ¿quién, quién, quién?", como viniendo de un eco, le repetía una y otra vez su *yo* interno. En un dos por tres se bañó, se vistió, se maquilló, se puso sus anteojos de sol y salió de su casa. Ya instalada en su Corsar 1985, color verde caqui metálico, su nerviosismo iba *in crescendo*. Nuevamente su *yo* interno decía: "¿Por quién, quién?".

Con toda la determinación nacionalista de la que se sentía capaz en esos momentos, se dirigió a las calles de Alpes donde se encuentra la subdelegación Miguel Hidalgo. "Señorita, vengo a votar. Pero primero quiero saber cómo se llaman los candidatos y cuál es el número del distrito de Las Lomas", dijo en tono decidido a una empleada que estaba leyendo un *Vanidades*. "Oye, ¿qué número de distrito es éste?", inquirió la empleada a su vez a su compañera que estaba comiendo unos *bombonetes* de malvavisco. "Déjame preguntar", le contestó. Minutos después regresó con la información: "Creo que es el octavo distrito, señora, pero aquí no puede votar. Tiene que ir a la delegación Miguel Hidalgo en Parque Lira. Allá le informan", le dijo. Desgraciadamente, no le pudieron dar los nombres de los candidatos. El del PRI, nada más lo sabía una señorita que había ido a la farmacia, y que a la mejor no tardaba mucho.

Así como de rayo se fue en su Corsar hacia la delegación. Dirigiéndose a la señorita de Información le dijo que ahora sí tenía ganas de votar y que quería tener información de los candidatos. La señorita se le quedó viendo extrañadísima y le dijo: "Donde le dicen eso que usted quiere saber es en Coordinación Educativa. Es en el primer piso. Allí le informan". Con graciosa agilidad subió rápidamente las escaleras la futura ciudadana, sintiéndose más mexicana que nunca. "Perdón señor; ¿usted me puede decir dónde se vota y cómo se llama el candidato del octavo distrito?", preguntó. Con toda amabilidad burocrática él le dijo que se votaba hasta el 7 de julio y que tenía que ser en la casilla que le correspondiera. Como el señor no conocía el nombre del candidato del PRI, la mandó a Coordinación Ciudadana. Desafortunadamente en esos momentos no había nadie en la oficina, entonces otro señor, que tapoco sabía nada de nada, la acompañó personalmente a la subdelegación. Allí le dijo con mucha solemnidad: "Espéreme, ahorita voy a preguntar".

Mientras esperaba, se sentía un poco avergonzada, pensando que ya era hora de tomar conciencia cívica. Después de 10 minutos de espera y como no salía el señor de la oficina de la subdelegación, preguntó a otro que estaba detrás de un escritorio leyendo *La Prensa*. "Sinceramente no le sé decir, señora. Vaya al departamento de prensa, probablemente ellos le sepan informar". Al cabo de checar cuatro listas larguísimas de nombres, un señor con una voz sumamente amable le dijo que Adrián Mora Aguilar era el candidato a diputado por el PRI del VIII distrito. De los nombres de los otros candidatos, no tenía ni la menor idea. Quizá le podían informar en el VIII Comité Distrital. Con mucha aplicación la señora apuntó en su agenda de Aries, el nombre del candidato del PRI, y se dijo que para votar con conciencia y justicia necesitaba conocer los nombres de los demás. ¿Qué cosa ofrecían a los ciudadanos de la Zona Esmeralda, los de Las Lomas de Chapultepec?

Con este espíritu inflamado de patriotismo, salió de la delegación y se fue de volada para empezar, al VIII Comité Distrital del PRI. Después de dar muchas vueltas, por fin llegó. Estacionó su flamante Corsar frente a muros alegremente tricolores que decían: "Con México, sí". Sí, se dijo, sintiéndose cada vez más consciente de sus derechos. Sin más ni más, pidió hablar con el representante del candidato para conocer cuáles eran las tesis políticas del señor Adrián Mora. Sí, señora, con mucho gusto. Una de ellas reza: 'Contra los pobres de espíritu, nuestra firme decisión'. La frase la complació mucho, porque justamente ante su despolitización se estaba sintiendo bastante, pero bastante pobre de espíritu. "Mire, no le prometo nada, a la mejor voto por ustedes, pero quisiera conocer las tesis políticas de los demás", le dijo con toda sinceridad y llaneza. Qué lástima, porque desgraciadamente el señor también desconocía los nombres. "Vaya usted al VIII Comité Distrital Electoral; allí de seguro le proporcionarán esos datos", le dijo. A pesar de que ya para entonces le apretaban las sandalias, le molestaban los anteojos y tenía mucho calor, se dirigió hecha la raya en su Corsar a las calles de Protasio Tagle 58. "Tengo que votar, pero por ¿quién, quién?. . . " se repetía en el camino.

La Jornada, 4 de mayo de 1985

LA FUTURA CIUDADANA DESCUBRE AL PAN

"Tengo que votar, pero por ¿quién, quién?", se decía en el camino nuestra angustiada futura ciudadana al dirigirse al VIII Comité Distrital Electoral. Sin nunca haber creído cabalmente en el PRI, ahora este escepticismo ahondado por el completo desencanto le provocaba un desafío: votar con verdadera conciencia por un partido que no fuera el PRI. "Es que son una bola de ladrones. Todos son unos populistas de cuarta. Pero ¿cómo serán los demás?", se dijo frunciendo ligeramente su respingada nariz que ya para entonces brillaba tanto como su coche marca Corsar.

Luego de haber preguntado como 60 veces: "¿dónde está la calle Protasio Tagle?" finalmente dio con ella. Al entrar a una casa estilo *country* donde se encuentran las oficinas del octavo Comité Electoral, se sintió de pronto aliviada; aquí de seguro le iban a poder informar. "Ay, pues fíjese que la oficina donde están las listas de los nombres de los candidatos de los partidos está cerrada, y el que tiene llave no está", le dijo una señorita vestida como para ir a un coctel. Fue tal su cara de aflicción, que un señor que se encontraba como haciendo antesala, compadeciéndose de ella le dijo: "Mire, yo sé que el PAN está aquí bien cerca. En la calle de Vasconcelos, al ladito de la Renault. Salga a Constituyentes, se sigue derecho, pasa el puente y allí está", le indicó. Un gracias envuelto en un desanimado suspiro, fue lo único que pudo decir nuestra frustrada futura ciudadana.

En tanto que se dirigía al coche y controlando su irritación, pensaba: "Esto me pasa por no estar concientizada. Es mi culpa. Ay, qué tal si me pierdo; el nombre de la calle me suena". Efectivamente, la sonaba y mucho. ¿Quién había sido Vasconcelos? Ahora tenía otra duda por disipar. ¿Había sido un ex presidente? ¿El autor del Himno Nacional? ¿Un diputado de la revolución? o ¿Un niño héroe? ¡Cuánto debía aprender! Pero ya habría tiempo, lo que importaba en ese momento era llegar al PAN. "Ay oye, es que no se puede uno acordar de todos los nombres de la historia de México, para mi gusto hay demasiados", pensó como para consolarse.

PAN, vio a lo lejos. Los ojos le brillaron. Esta vez no se había perdido. Las oficinas le parecieron chicas, pero muy acogedoras. "Ah, ¿es usted de las Lomas?", dijo el representante del candidato con una sonrisa jugosa. "Tome usted asiento, por favor. Estamos para servirle. Mire usted, el PAN parte de la base de que lo más importante es la libertad y dignidad de la persona humana. Somos un partido independiente, que nunca de los nuncas ha recibido subsidio del gobierno. Los otros sí reciben, allí radica nuestra diferencia. Acción Nacional apoya a la mayoría, a la Nueva Mayoría, porque sí cree en los mexicanos como usted. ¿No gusta tomar nada? Bueno, permítame explicarle: el PAN no es un partido conservador, ni reaccionario, ni capitalista, ni elitista como muchos creen. ¿Sabe qué es señora? Es la única alternativa que le queda a este país. El sistema actual ya no les funciona, ya no pueden con tanta corrupción.

Mire usted, le voy a explicar. Haga de cuenta que en 1929, que fue cuando surgió el PRI, nos pusieron a los mexicanos un trajecito de marinero muy bonito; en ese entonces nos quedaba precioso. Al cabo de los años papá gobierno que es como nuestra mamá, insiste en ponernos el traje de marinerito. Este ya no nos queda, pero nos lo pone a fuerzas porque perteneció al abuelo y a los tíos, etcétera. Los mexicanos ya no somos unos niños, ya no aguantamos lo apretado del traje. Cuando nos lleva nuestra mamá de visita, sentimos que se va a reventar. Ya crecimos, ahora somos adolescentes. ¿Entiende usted? Necesitamos otro traje, de una talla más grande. Por eso nuestro partido ofrece otras medidas. Ahora ya es otro México. Mire, aquí tengo justamente las estadísticas de 1982 de las Lomas de Chapultepec. Ese año tuvimos un incremento del 250 por ciento. Ahora esperamos el doble. Ustedes son la gente que nos interesa porque representan un nivel social y cultural que además de ser alto, está consciente de sus derechos como ciudadanos". (En esos momentos su interlocutora, que lo había escuchado sin parpadear, bajó la mirada y se miró las puntas de sus sandalias).

"Le voy a proporcionar —continuó diciendo el señor— con muchísimo gusto estos seis libros y tres folletos donde se explican nuestros principios de doctrina. El señor Juanito Corona Vargas es el candidato de su distrito. Es economista, con una maestría en la Universidad de Colorado. Aquí tiene el teléfono de su casa, donde atiende. Ya que está usted tan interesada, ¿por qué no reúne en casa a todas, todas sus amiguitas para que Juanito les imparta una plática?", sugirió el señor de una manera muy cortés mientras acompañaba a la señora hasta el coche. "Todos los miércoles a las ocho tenemos aquí mismo un curso de Inducción Ideológica del PAN. Espero verla, no deje de venir", dijo viéndola a los ojos y oprimiendo el botón de seguridad de la puerta del Corsar. Esa noche, la futura ciudadana más dudosa que nunca, tuvo una pesadilla. . .

La Jornada, 11 de mayo de 1985

PAN EN EL CABALLO BAYO

—Metida en medio de un laberinto de enormes muros en concreto, trataba desesperadamente de encontrar la salida. Las letras fosforescentes de la propaganda de los nueve partidos, se le venían encima. Mientras corría de un lado a otro, chocaba con unos letreros luminosos que decían: "ningún partido te ofrece una salida". Bocinas instaladas por doquier repetían a todo volumen: "con tu credencial de elector, vota el próximo 7 de julio". Con la cara bañada en sudor gritaba: "sí voy a votar, pero ¿por quién?"... Mientras nuestra futura ciudadana esperaba que comenzara la reunión del PAN recordaba su última pesadilla. Desde que había tomado la firme decisión de votar, tenía una prácticamente todas las noches. "Es que la incertidumbre te pone de nervios" decía.

Así de nerviosa llegó al Caballo Bayo aquel 9 de mayo a las ocho de la noche en punto. Ese día, el PAN organizaba una conferencia del maestro Luis Felipe Bravo Mena. El salón Moral (una sala enorme para fiestas) comenzó a llenarse poco a poco. Dos edecanes "chulas de bonitas" vestidas de azul y blanco, recibían a la puerta: "son quinientos pesos" decían monísimas.

A pesar de que era jueves, parecía domingo, todo el mundo se conocía y se saludaba de lo más relax. La mayor parte de la concurrencia era gente joven. Ellos en traje de gabardina, camisa azul clara y corbata a rayas color guinda. Ellas, en suéter y falda más bien sport con un *look* a la Lady Diana. Finalmente un chico presentó al conferencista y a los candidatos que se encontraban en la mesa del presidium: Francisco Plancarte por el XXXII Distrito, Héctor M. Valenzuela por el XIII, y Juanito Corona por el VIII.

La futura ciudadana sentada en la segunda fila, apreciaba el ambiente decente que se respiraba. A pesar de que no conocía a mucha gente, sentía que eran todos g.c.u. (gente como uno).

Esto le inspiró seguridad. "¿Y si voto por el PAN?" pensó. Pero antes que nada, escucharía con atención las ponencias. Desgraciadamente, no fue así, ya que mientras Luis Felipe Bravo Mena hablaba muy enfáticamente por qué había que votar por el PAN, nuestra futura ciudadana agotada por tanta pesadilla, no pudo evitar varios cabeceos. Los aplausos la despertaron. Ahora sí atendería a las palabras del candidato Francisco Plancarte: con él sí no corría el riesgo de dormirse, el Sr. Plancarte parecía enojadísimo:

"todavía recuerdo aquel 1o. de septiembre en que nacionalizaron la banca. Siempre voy a comer a casa de mis papás los primeros de septiembre. Precisamente él se encuentra entre nosotros. Pues bien, cuando López Portillo anunció la nacionalización, le dije a mi papá, "me parece que estoy soñando". No lo podía creer. Porque, señores, esto va contra nuestra Constitución del 17. Pero la situación continuó, ya que unos meses más tarde mientras estábamos de posadas, el Sr. Miguel de la Madrid envió otras leyes el 15 de diciembre de 1983. Nosotros no nos dimos cuenta, porque estábamos de posadas. ¿Qué México quieren? preguntaba lleno de cólera al público. "¿Acaso ustedes pudieron elegir libremente al Regente, a los delegados? Contéstense por favor esta pregunta" propuso el candidato por el XXXII Distrito. De pronto, la futura ciudadana se sintió culpable por no haber elegido al Regente ni a los delegados. "Pero ahora sí voy a elegir a los diputados" se dijo contenta. Fue en efecto muy aplaudido el Sr. Plancarte, sobre todo cuando dijo: "apoyemos a Héctor Valenzuela". El candidato del estado de México se puso de pie y se dirigió al micrófono. Con cara de adolescente, en tono tímido explicó cómo se había convertido en candidato. "Asistí una vez por semana al curso de Inducción Ideológica del PAN y quise ser su candidato", confesó.

Después habló de sus vivencias: "cuando la gente humilde me dice: ¿Usted qué nos promete? Yo les contesto: "yo no te prometo nada. Yo te cambiaré algunas leyes que ya no funcionan". No había duda que el Sr. Valenzuela era sincero, penso la futura ciudadana. Cuando vino el momento de las preguntas tenía miles que hacerle a cada uno de los candidatos. No se atrevió. Muerta de pena se mordía los labios. Se sentía demasiado ignorante como para formular sus dudas frente de 500 personas. No, todavía no estaba preparada. "Tengo que leer los libros que me dieron en el PAN, después ya preguntaré", se dijo mientras regresaba a su casa bajo una ligera lluvia. Esa noche no tuvo pesadillas, porque tuvo insomnio. . .

La Jornada, 18 de mayo de 1985

LA FUTURA CIUDADANA FRENTE AL PSUM

Además del sueño, se le había ido también el apetito. Nuestra futura ciudadana seguía con la incertidumbre: ¿por quién votar? Era la pregunta que la obsesionaba día y noche. Cuando salía en su flamante Corsar y pasaba a lo largo de los muros, disminuía la velocidad para poder leer con atención la propaganda de los diferentes partidos. Tantos lemas la confundían aún más. Su último encuentro con el PAN la había dejado insatisfecha. "Sus tesis no me acaban de convencer, le dijo un día a su cuñada. "Ay, pues son los más decentitos", le respondió ésta con cierto desapego. Justamente ese era uno de sus problemas, resultaban ser demasiado "decentitos" como para comprender este México con tanta gente "no decente", este México con tantas desigualdades y problemas, pensaba para sus adentros. Estas reflexiones, además de sus dudas, la habían apartado un poco del grupo de sus amistades, que no hacían más que hablar del libro de *The Distant Neighbors* de Alan Riding. "Es el único que ha hablado del sistema con la verdad", sostenían. "Entre más pasa el tiempo, más odio a López Portillo", le decían otros. Cansada de estos comentarios, prefería guardar silencio. ¿Cómo refutarlos, si ni siquiera sabía por quién votar? No, definitivamente, no hallaba con quién compartir sus inquietudes. A veces mientras Mari, su peinadora, le estaba haciendo el *brushing* en el salón de belleza, se miraba fijamente en el espejo y con expresión grave se preguntaba cuál era su verdadera identidad, cuáles sus auténticos valores patrios ¿Estaba educando a sus hijos como buenos mexicanos? ¿cuando tuvieran 18 años (el mayor tenía 8) existiría todavía el PRI y seguiría haciendo fraudes en las elecciones? "¿Qué le pasa señora, por qué tan pensativa?", le preguntó un día Mari.

"¿Usted va a votar?", le dijo sobresaltada. "Ay, señora para qué, si siempre ganan los mismos ladrones" aseguró Mari. No replicó. Esa misma tarde se dirigió a la calle de Nogal, en la colonia Santa María la Ribera, a unas oficinas del PSUM. Como de costumbre se perdió, pero finalmente llegó a su destino. El número 122 era una casa de fachada típica de los de antes en esa zona, bastante deteriorada. Sus grandes ventanas de rejas le daban un aire romántico. Una secretaria le abrió la puerta. "Vengo a buscar propaganda", dijo muy quedito la futura ciudadana al entrar. "El Programa de Acción y los Estatutos le cuestan 150, y el periódico del partido 40 pesos", apuntó la señorita en tono poco amable. Después de haber pagado, preguntó si no se encontraba el representante del señor León Téllez Godínez, candidato por el VIII distrito. "No, ahorita no está el compañero", contestó todavía menos amable. Antes de salir y como no queriendo la cosa, los ojos de la futura ciudadana pasaron por la casa. Toda se veía como empolvada. Dos escritorios y unas sillas de madera parecían arrumbados. Algunos periódicos, tirados aquí y allá, estaban revueltos con propaganda. Esto hacía parecer las oficinas más desordenadas de lo que normalmente estaban. Algo le llamó la atención. En el muro desnudo de la corbata deshecho y firmando unos papeles. A sus espaldas aparecían tres campesinos con expresión de que por fin estaban recuperando lo que les pertenecía: sus tierras. A un lado del cuadro había un papel que decía: Rifa para un viaje a Acapulco. "Mientras el PAN rifa coches Ford último modelo, el PSUM rifa viajes para ir al mar, dos maneras diferentes de ver los premios en la vida", pensó.

Cuando llegó a su casa se encerró en su cuarto y se puso a leer la Declaración de Principios del PSUM. Allí descubrió algo que le gustó: el partido apoyaba la igualdad de los sexos, y defendía la liberación de la mujer. "Una mujer libre de prejuicios y desigualdades generadas por la propiedad privada". Después de haber leído detenidamente cada uno de estos Principios y los Estatutos, comenzó nuevamente con sus dudas: ¿Quiénes habían sido Carlos Marx y Federico Engels? ¿Qué era exactamente la lucha de clases? ¿Si votara por el PSUM bajaría de clase social? ¿Sería cierto que el partido estaba plagado de nacos? ¿Aceptaría votos de burgueses como ella?

La Jornada, 1o. de junio de 1985

LA FUTURA CIUDADANA: COMIDA PESUMISTA

"No, no hay que saber marxismo. Lo que hay que tener es un ideal de justicia", le dijo León Téllez Godínez, candidato del PSUM en el VIII distrito, a la futura ciudadana. Ella escuchaba mientras sus ojos se llenaban de pequeñísimos signos de interrogación.

"¿Y se aceptan burgueses en su partido? ¿No nos odian?", se atrevió a preguntarle con esa misma mirada , tan suya. "Es que las ideas de justicia no pertenecen a una clase social, sino a los seres humanos. Yo conozco mucha gente pobre que se vuelve la peor enemiga de los pobres. Por ejemplo, los policías no salen de las Lomas". Así, con voz cálida y despacito, contestaba León, pacientemente, a las dudas que atormentaban desde hace muchas semanas a la inquieta señora de las Lomas.

Cuando consiguió la cita, casi se arrepintió. ¡Qué iba a decirle ella, que estaba tan despolitizada, que siempre había reprobado civismo en el colegio, que nunca había votado, que todavía no entendía bien a bien eso de uninominal? Pero eso ya no importaba. Había que seguir con la averiguación para saber por cuál partido votar.

La cita era a las dos y media, en un Denny's. En el fondo, la futura ciudadana lamentaba que no hubiera sido en el Champs, Elysees o en el Tofanetti's, de Palmas. Pero lo entendía: la entrevista era con el candidato del PSUM y no con uno del PRI. "Ese, seguro, me hubiera citado en el Lago, porque además de corruptos son cursísimos", se dijo mientras salía del estacionamiento.

Como de costumbre, llegó un poquitín tarde a la cita: "Mil perdones, pero es que había mucho tráfico", dijo graciosamente, sintiéndose mil veces perdonada. León Téllez Godínez no era como se lo imaginaba. Era muchísimo más joven —30 años—, muchísimo más delgado —54 kilos—, mucho más bajito —1.58— y mucho más sonriente. Después de presentarse, los dos pidieron una sopa de verduras fresca y un refresco. No sabían cómo hablarse, si de tú o de usted. Con mucha naturalidad optaron por lo primero y empezaron a conversar:

"Ay, oye, es que los de las Lomas estamos aterrados con tantos asaltos. ¿Qué podría hacer el PSUM al respecto?" Mirándola fijamente, León contestó: "Seguridad. Si en México llegamos a atenuar la miseria, atenuaremos el temor. Mientras más pobreza, más inseguridad. En el caso de las Lomas, allí los que roban son profesionales, muchas veces ligados con la policía". Le contó entonces las triste realidad de Santa Fe, único pueblo comprendido en el VIII distrito, donde además de ser sumamente pobres, la escuela se encuentra en condiciones lamentables. "Allí los niños se roban las papeleras, no estudian, no les importa aprender, porque no tienen ningunas expectativas. . . "

Poco a poco, a la futura ciudadana se le fue haciendo un nudo en la garganta. Sentía tristeza y rabia a la vez. "¿Y usted cree que un día cambien las cosas?", preguntó con la mirada abrillantada. "Hay que tener confianza —le respondió el candidato—, sobre todo en uno mismo. A veces en mi campaña me dicen: ¿para qué votamos si ya sabemos que va a ganar el PRI? Y yo les digo que no hay que derrotarse, que si uno tiene descontento hay que sumarlo con el de los otros. México somos nosotros mismos. Estoy seguro de que con el tiempo nosotros seremos la verdadera mayoría, pero no como la del PAN".

El candidato decía esto como si repitiera una lección conocida hace muchos años. De pronto, la futura ciudadana vio la hora en el enorme reloj Citizen del candidato. Eran las 3:45 y ella a las cuatro tenía cita chez Noel. "Para terminar, León, quisiera saber cuántos afiliados tiene el PSUM en las Lomas". "En todo el VIII distrito nada más hay 18 afiliados, pero esperamos más votos para las próximas elecciones", fue su respuesta.

"Ojalá, León, que todos fueran de su condición", le dijo la futura ciudadana al despedirse.

En la noche, mientras escuchaba a Jean Pierre Rampal tocar su flauta mágica —en un concierto organizado por Christian Dior—, la futura ciudadana no podía dejar de pensar en las palabras de León: "El 18 por ciento de aumento salarial es un insulto para el obrero; el PRI está basado en la permanente exclusión; los policías enseñan a fumar mariguana a los desempleados; un día seremos la mayoría".

El sonido de la flauta le parecía cada vez más lejano. ¿Acabaría votando por el PSUM?

La Jornada, 8 de junio de 1985

LA FUTURA CIUDADANA SIGUE DUDANDO

"¿Y si no voto?" se dijo de pronto para sí misma nuestra electora en ciernes mientras veía llover desde la ventana de su recámara. "También el abstencionismo es una forma de protestar, ¿no?", pensó a la vez que miraba fijamente cómo se mojaban en su jardín los rosales en flor. Desde que había recibido por el correo su credencial de elector, se sentía más comprometida que nunca. Ahora sí ya no tenía pretextos por más que se los imaginara. "¿Y si mejor adelanto mi viaje a Nueva York y así no estaré el 7 de julio?", se preguntó con una sonrisita diabólica. Pero en el fondo sabía que precipitar su viaje representaba menos tiempo para cambiar 500 dólares diarios y esto sí no podía ser posible. Nunca como ahora necesitaba unas buenas vacaciones. "Ya no quiero pensar en política. Tratar de entender las cosas en este país me parece de lo más *heavy* del mundo", se decía agotada. Sí, en efecto, le resultaba demasiado pesada esta toma de conciencia; sin embargo, regresar a la apatía y a la indiferencia en la que se encontraba anteriormente le parecía ahora intolerable e inadmisible. México, su país, estaba en crisis, necesitaba urgentemente un cambio, necesitaba su voto. No participar en estas elecciones era como darle la espalda, como ningunearlo, como decirle: "Tus problemas me valen. Sigue padeciendo, al fin nunca vas a cambiar, estás perdido". Bien le había dicho León Téllez Godínez, candidato del PSUM en el VIII distrito: "Hay que tener confianza, si uno tiene descontento hay que sumarlo con el de otros. No hay que derrotarse".

Seguía lloviendo. De pronto sintió frío, se dirigió al clóset y sacó un suéter 100 por ciento de *cashmere* azul pavo. Mientras se lo ponía, oprimió el botoncito del interfón y con voz muy clarita le dijo a la muchacha: "Súbeme un té de manzanilla bien caliente, por favor".

Ultimamente la futura ciudadana ya no leía el *Hola*, leía los periódicos y revistas políticos. También había recurrido a libros que trataran el tema sobre las elecciones: *Las elecciones en México* de Pablo González Casanova, y *Votar ¿para qué?*, de Miguel Angel Granados Chapa. "Está especialmente dedicado a los jóvenes y a los escépticos, esperando que ambas categorías no estén fundidas en una", se dice en la contraportada de este último. "Este es un libro para mí —pensó al comprarlo—, ya que desgraciadamente ambas categorías están fundidas en mi caso". Sin embargo, por momentos el contenido de estas lecturas le parecía un poco *heavy*, pues no entendía nada, por más que le pesaba su avidez por aprender.

De este modo se informó sobre las tesis de los otros partidos, como por ejemplo las del PST, "partido de los explotados", que dice que los trabajadores serán dueños de la riqueza del país, de sus fábricas, de sus comercios, de sus bancos y de sus empresas, esto no le gustó. "Por este partido definitivamente no voy a votar, porque están peor que los del PRI; quieren ser dueños de todo, hasta de Perisur quieren adueñarse", pensó. Las tesis del Partido Revolucionario de los Trabajadores la asustaron también un poco: "El PRT se plantea organizar y dirigir al proletariado en la lucha contra el capitalismo y por la revolución socialista. Para ello se pone como objetivo estratégico la instauración de la dictadura del proletariado sobre las clases explotadoras". ¿Pertenecía ella a las clases explotadoras? El PMT le contestaba al decirle que: "Ningún ser humano tiene derecho a explotar en su beneficio el trabajo de otros seres humanos, ya que todos tenemos derecho a una vida digna, plena y libre, cualquiera que sea el país en que vive, independientemente de su raza, religión e ideología". En este principio sí estaba de acuerdo. Pero lo del "socialismo a la mexicana" le daba desconfianza. Entonces por quién votar. "¿Y si no voto?", se volvió a preguntar.

La Jornada, 29 de junio de 1985

LA FUTURA CIUDADANA SE DECIDE

"Ojerosa y pintada" como en el poema de López Velarde, despertó el viernes por la mañana muy temprano, nuestra futura ciudadana. Sintiéndose sumamente cansada mientras se desayunaba con *All Brands* trataba de interpretar la pesadilla que había tenido esa misma noche: Se veía observando cómo miles y miles de ratas salían de atrás de bardas kilométricas llenas de propaganda política. Las había de todos los tamaños y de diferentes colores. También veía cómo ante sus ojos se reproducían por decenas. Ella se encontraba en su coche, detenida por un embotellamiento que parecía no tener fin. ¿Qué significado tenía su pesadilla? ¿Por qué las ratas eran de colores? No era sino hasta el próximo martes que podía disipar estas dudas, durante la sesión con el siquiatra. Por lo pronto, había algo más importante que resolver: ¿por quién votar? Nada más tenía el día de hoy para decidirse. Pasado mañana sería el gran día. "¿Vamos a votar juntas?", le había dicho a su cuñada, que también vivía en las Lomas. "No sé a qué horas voy a ir", le contestó, sabiendo de antemano que no votarían por el mismo partido. Solamente tenía el viernes para decidirse, pues el sábado estaba invitada a una boda y lo más seguro era que no tuviera tiempo para pensar. En el fondo temía que en la boda le preguntaran por quién iba a votar. ¿Cómo reaccionarían sus amigos si les dijera que no iba a votar ni por el PAN, ni mucho menos por el PRI? En realidad ya no le importaba, además el voto era secreto y no tenía por qué decirles por cuál se había decidido.

Terminando su desayuno salió a caminar. A pesar de que la mañana estaba nublada, el aire se sentía despejado. Vestida con *jogging suit* aterciopelado y tenis *Nike*, la futura ciudadana se sintió de pronto con bastante energía. Decidió entonces ir hasta Barrilaco a comprar los periódicos. Allí se enteró que el PSUM reunía con mucha rapidez el importe del rescate de Martínez Verdugo. "Es increíble cómo los de este partido son solidarios", pensó conmovida. "Se hubieran mejor raptado a uno del PRI. A ésos nunca les pasa nada", se dijo. Llegando a casa se metió a su cuarto y revisó detenidamente los diarios. Después de haberle echado un "ojo" a la sección de Sociales, se puso a leer los editoriales. Estaba en esto cuando de pronto descubrió el aviso: "Contra ratas, plagas y toda clase de vendepatrias el 7 de julio PMT acaba con ellos''. Inmediatamente se acordó de su pesadilla y sin el menor esfuerzo comprendió el significado. Claro que era el partido que le convenía, el PMT. ¿No eran acaso los que más luchaban contra la corrupción? Desde hacía unas semanas había seguido con mucha atención los artículos de Heberto Castillo en *Proceso*. Conocía la influencia determinante que había tenido para que metieran a Díaz Serrano en la cárcel! "A la mejor si sale diputado, sigue con Hank González", pensó. También se había enterado que había estado en la cárcel después de los acontecimientos de 68. No había duda: Heberto Castillo era un hombre honrado y con experiencia que conocía a fondo los problemas de México. "Además sería un voto útil, porque están buscando su registro", pensó. Lo de "socialismo a la mexicana" ya no le preocupaba: "Prefiero socialismo a la mexicana que corrupción a lo bestia'' se dijo. Por fin su decisión estaba tomada, votaría por el PMT en la elección de diputados por representación proporcional. ¿Y por mayoría relativa, por quién votaría? Pues por el candidato que tanto la había hecho reflexionar, León Téllez Godínez, del PSUM. " ¡Qué aliviane, ahora sí ya sé por quién votar!''. Sintió que algo en su interior se había iluminado. Era su espíritu nacionalista, que brillaba como nunca. "Ya no me voy a sentir tan desnacionalizada, porque a partir de hoy seguiré siendo mexicana", como dice el PMT, se dijo convencida.

El domingo 7 de julio la futura ciudadana dejará de ser futura para convertirse en la presente y real ciudadana mexicana. Todavía la asaltó una última pregunta: "¿Y si gracias a mi voto de veras ganan?".

La Jornada, 6 de julio de 1985

VACACIONISTAS FRUSTRADOS

No hay nada más triste que un vacacionista frustrado, que es aquel que quiere seguir pasando *bomba* sus días de descanso pero ya no puede hacerlo debido a la crisis. Sin embargo quiere ocultar su frustración convenciéndose de que las vacaciones que está pasando son las ideales, las mejores para su familia (aunque en realidad está consciente de que ya no hay de otra).

Hay varias categorías de vacacionistas frustrados. Comencemos por los que a pesar de todo salieron al extranjero. Son los viajantes que solían ir a Los Angeles o a Florida, a visitar a Micky Mouse. Ahora van a McCallen, para no dejar de ir a Estados Unidos y así poder hacer un poco (nada más un poco) de *shopping*. "Niños, como ya no encontré lugar en los aviones, vámonos en coche y así de paso conocemos el norte de la República", propone el papá que de pronto se siente un magnífico conductor. Después de casi dos días de camino, llegan por fin a la frontera. Todavía no acaban de cruzarla, cuando los niños ya quieren bajar del coche a comprar chicles, posters, plumones, calcomanías, casetes, agujetas de colores para sus tenis, etcétera.

Es obvio que ahora ya no pueden pagar un hotel, por lo que se dirigen a un motel: "Al fin que todos tienen televisión a colores", explica la mamá a los niños. Ya no comen en los restaurantes de antes, sino que desayunan, almuerzan y cenan en los McDonald. Por las tardes se van a los *shopping center*. . . a pasear. Cuando ya les quedan muy pocos dólares compran tenis Adidas, *made in México*, y algunas playeritas Sassoon, *made in Taiwan*. "Es mejor hacer las compras de regreso; si vieras que en México, en Liverpool, ya se encuentran cosas que parecen gringas. . . ", comenta la esposa resignándose. Después de dos días, el papá anuncia: "Esta noche dormimos en Reynosa; si quieren mañana volvemos, pero nada más a pasear". " ¡Ay ¿por qué?!", preguntan tristísimos los niños. "Porque como México no hay dos, tarugos".

Ahora veamos a los que viajaron dentro de la república. Estos iban a las mejores playas de Cancún y de Acapulco y se hospedaban en hoteles de cinco estrellas. Ahora se han convertido en los perfectos turistas nacionalistas. "Niños, vámonos a Guanajuato", ordena el padre de familia. "¿Hay playa?", preguntan los niños que ya van a secundaria. "No, pero Guanajuato es un viejo y legendario centro minero, vivo ejemplo del pasado glorioso de nuestra patria, y muy cerca de allí se forjó nuestra independencia".

Los niños protestan diciendo que se marean en el coche, que van a caminar mucho y que les aburren los museos. Finalmente el papá logra convencerlos. Ya en Guanajuato, se hospedan en una de las posadas tradicionales (que es de solamente tres estrellas), y toman un enorme cuarto doble, pero con tres catres adicionales. Al otro día muy temprano, anuncia el jefe de familia: "Vámonos a la Alhóndiga de Granaditas, al ex convento de Belén, al Teatro Juárez, al Templo de la Compañía, al de San Diego, a la mina de Rayas, a la plaza de Baratillo, al callejón del beso. . . ". Después de cuatro días de intenso turismo, durante el viaje de regreso, los niños no dejan de quejarse de sus ampollas de los pies, de sus diarreas por haber comido enchiladas mineras de pollo; y están furiosos porque en la posada no había piscina y la televisión estaba descompuesta.

Por último, los que optaron por quedarse en el Distrito Federal. "No hay nada como disfrutar la ciudad de México durante la Semana Santa", aseguran estas personas a las que ya no les alcanza ni para ir a Cuernavaca. A estos vacacionistas frustrados les da por visitar los museos en la mañana y van al cine por la tarde. También aprovechan estos días para saludar a sus familiares, tan frustrados como ellos, y juntos comentan: "¿Te imaginas cómo estarán las carreteras, las playas y los hoteles?".

Los más frustrados llevan a sus hijos de día de campo a La Marquesa o al Desierto de los Leones y les sugieren: "Corran niños, disfruten de la naturaleza". A otros les da por regar el jardín, o arreglar el coche o lavarlo. A otros, en fin, se les ocurre jugar con sus hijos *turista*, siquiera para viajar con la imaginación. Por las noches, se reúnen con sus amigos, ponen discos de Los Panchos y sueñan: "Mira, mano, si yo me sacara la lotería me iría de vacaciones a. . . "

La Jornada, 6 de abril de 1985

SOLIDARIDAD, LA BUENA ONDA

" ¡Híjole, creo que está temblando!", pensé al entrar al *Magic Circus*, la discoteca de super moda que está aun lado del Toreo de Cuatro Caminos. Pero no, no temblaba. Lo que hacía que el piso trepidara era el sonido de la música *disco* que salía de infinidad de bocinas, instaladas estratégicamente alrededor de todo el local. En la pista había cerca de 3 mil jóvenes que bailaban, reían, disfrutaban, pero sobre todo, trataban de relajarse después de haber trabajado durante 15 días ininterrumpidos. Entre más fuertes eran las notas de la música electrónica, más brincaban los muchachos, moviendo la cabeza de un lado a otro. Por momentos, unos gritaban ¡uuuuauuu! cuando aparecían las luces *lasser* en verde fosforecente formando figuras geométricas contra el techo completamente cubierto por miles de foquitos que brillaban intermitentemente. De pronto sus *out feets*, super a la moda se llenaban de motitas de todos colores provocadas por los destellos de cuatro enormes esferas cubiertas de espejitos. A pesar de todas estas luces, entre las mesitas había una gran oscuridad. Pero casi nadie estaba sentado, todo el mundo estaba bailando en los pasillos, sobre las mesas,

MEXICO
AIR MAIL
ZONA 1
MEDICAMENTOS
ZONA 7
ROPA
ZONA 3
COMESTIBLES

sobre las tarimas que rodean las bancas. La música se escuchaba cada vez más fuerte, antes de que se acabara la canción de estilo *new wave*, principiaba un rock progresivo. Algunos muchachos con chaleco y patillas completamente rasuradas, bailaban sosteniendo sus vasos de *cuba* con una mano y con la otra el cigarro. Las niñas, algunas bien y otras demasiado modernas y excéntricas para serlo, se movían con toda agilidad a pesar de los tacones. Otras con tenis en piel y pantalones entalladísimos pesqueros se veían como sacadas de la revista *Seventeen* americana. Curiosamente, las que llevaban el pelo muy cortito, llevaban faldas más abajo del tobillo con zapatos sin tacón y las que lucían preciosas cabelleras llenas de bucles con lucecitas que parecían naturales, traían minifalda y zapatos altos.

Estos chavos y chavas de lo más acá, llenos de vida, llenos de entusiasmo, pero sobre todo llenos de solidaridad, eran nada menos que los estudiantes de la Universidad Anáhuac, que para continuar con su valiosísima cooperación organizaron un Coctel Pro Damnificados el jueves 3 de octubre. El donativo personal era de mil pesos. Piensan obtener en total cerca de 3 millones y medio.

Así, con el mismo entusiasmo con el que bailan, con esa misma energía desde el jueves 19 de septiembre, los alumnos y ex alumnos de la Universidad Anáhuac se organizaron para ayudar. "Ayúdanos a ayudar" les decían a todos aquellos que les mandaban víveres, medicinas, biberones, pañales, coca colas, dulces, juguetes, cobijas, palas, picos, linternas, ropa, cubrebocas, agua electropura, cereales, etc., etc. Hasta mil kilogramos de oxígeno se trajeron desde Houston en un avión particular. Después de cuatro días de intenso trabajo llegaron a acumular más de mil 500 toneladas de alimentos, material para remover escombros y medicinas. Todos estos donativos se iban acumulando en una enorme bodega de 2 mil metros cuadrados de superficie. Gracias a su centro de comunicaciones pudieron llamar a 39 países. Desde el primer día se formaron decenas de brigadas. Cerca de 3 mil jóvenes salían en sus Corsar, sus Topaz, sus Renault 18 y algunos en sus Mustang para ir a dar auxilio a las zonas más afectadas, en los albergues. Muchos de ellos durante cerca de una semana no durmieron y a veces ni comían. "De alguna manera con esto nos estamos quitando la imagen de niños bonitos porque pertenecemos a clase social acomodada" dice un chavo que estudia sicología industrial, y que se sentó a mi lado porque ya no podía bailar más. Otro de ellos me comenta que se grabó un video con una duración de media hora en donde aparecen ya sea en medio de los escombros, ayudando con el tránsito, llevando pipas de agua, recibiendo cajas y cajas de comida, donde se ve el almacén de ropa, y medicinas, donde aparece toda la movilización de las oficinas con las computadoras, muchachas y muchachos recibiendo solicitudes y ofrecimientos. "Ya tenemos hasta una canción que se llama "Regalaré una rosa a tu vida", dice Roberto Sánchez Mejorada, coordinador de comunicaciones internas.

Por eso estos chavos y chavas bailaban para relajarse, bailaban porque a pesar de que ya reiniciaron las clases continuarán trabajando dos meses más en los auxilios. Bailaban contentos, porque se dieron cuenta de que eran muy solidarios y que por fin hacían algo por México. Bailaban porque se sintieron muy útiles y porque supieron organizarse. Bailaban también porque ahora todo el mundo dice que los chavos de la Universidad Anáhuac, "son lo máximo, la buena onda". Bailaban, porque en la televisión Jacobo y Guillermo Ochoa los felicitaron mucho. Porque todos entre ellos estuvieron bien unidos en estos momentos, con los maestros y sacerdotes de la Orden Legionarios de Cristo. Y así bailando y bailando de pronto, justo a la medianoche dejó de tocar la música rock en el *Magic*, se prendieron todas las luces y se oyó una voz que dijo: "Les recordamos que no estamos celebrando nada. Esto es una pausa por los 15 días que han estado trabajando. Recuerden que hay gente que no están en las mismas condiciones que ustedes. Sigan bailando". Se apagó la luz, comenzaron los rayos lasser y todos gritaban ¡uuuuauuuu!

La Jornada, 5 de octubre de 1985

IR A LA MUESTRA

Ir a la Muestra es todo un *happenning*. Es la buena onda. Es el buen plan. Es la ocasión para renovarse, para desempolvarse un poco, y para encontrarse con los cuates, sobre todo con aquellos que uno no veía desde la última muestra: "Quiuubooo, qué milagro (¿se dirá así porque vivimos en el país de los milagros?), ¿qué te pareció la película?". Con estos fríos, también es el pretexto para sacar las bufandas, los suéteres gruesos de Toluca, así como los de cuello de tortuga. Los atuendos resultan tan invernales, que se diría que está nevando.

Según los cines en que se exhibe la muestra, así es el público. Por ejemplo, el de la Cineteca y el del CCU no se parece al del cine Internacional. En el primero, se trata más bien de jóvenes estudiantes, que mientras hacen la cola leen *La Jornada*. Por lo general, llevan puestos *blue jeans* deslavados con camisa a cuadros, y sus inseparables tennis, también deslavados. Las chavas andan o en pantalones o con faldas hasta el tobillo, sin olvidar las botas. En cambio, el público del cine Internacional resulta más convencional, más *comme il faut*. Por allí se ven corbatas, trajes de pana, sacos de gamuza y uno que otro saco de *tweed*.

Mientras sus portadores hacen la cola, leen los programas o comentan las películas que ya vieron: "Mira: la española estuvo espléndida. Camus, el director, es de primera ¿No viste *La Colmena*?", preguntan con aire muy docto, levantando un poco la ceja. Suele este público hablar de los directores como si los conocieran de toda la vida. Se sienten informadísimos y entonces opinan: "Scola es mi máximo, pero ni de chiste le llega a Fellini". A las acompañantes de estos cinéfilos les encanta también ir a la Muestra: "Ah, oye, es que durante todo el año nos pasan puros *churros*", comentan indignadísimas. Las películas que más les gustan son aquellas que tratan problemas psicológicos. Lo que más disfrutan es analizar la personalidad de cada uno de los protagonistas ante el resto del grupo: "A mí sí me impresionó, no sabes la lástima que me dio la mamá; pobre, cómo sufría. Oye y te acuerdas... y qué tal cuando..., y te fijaste la cara que puso él cuando..." dicen, haciendo alarde de su increíble capacidad analítica.

Pero también durante la Muestra, además de tener oportunidad de ver películas magníficas, se hacen muchos berrinches. No hay cosa que caiga más mal a los seguidores de la muestra que le pregunten a uno: "Oye, ¿no viste *Las bicicletas son para el verano*? No sabes de lo que te perdiste, dicen que es la mejor de todas. Lástima, porque no creo que la vuelvan a pasar", aseguran con aire paternalista.

Dentro de estos diversos públicos, también hay los muy inconformes, los que no tienen suerte y siempre llegan cuando ya se agotaron los boletos: "Híjole todavía no se me quita la rabia; te lo juro que cada vez que me acuerdo se me revuelve el estómago. Sin exagerarte, para ver *Napoleón* hicimos cola en el CCU cerca de tres horas. Una hora antes abrieron la taquilla y nada más vendieron cuatro boletos. Todo el mundo estaba furioso". "¿Cómo se llama el director?", preguntaba una, histérica, al señor de la entrada. "De seguro que le vendió los boletos a sus cuates", "es que se cree Napoleón", decía el que estaba detrás de mí. Estas gentes son las mismas que mientras hacen la cola, gustan de hacer conversación con los de atrás y los de adelante.

La Jornada, 22 de noviembre de 1985

LA ROSA PURPURA DE SAN LAZARO

Lo escuchaba sin parpadear. Quería entender cada una de sus respuestas. Observaba atenta cómo reaccionaba ante las impugnaciones de los partidos de oposición PSUM, PMT, PRT y PPS. ". . . si bien 1985 ha sido un año extremadamente difícil, no se perdió el rumbo ni el control de la economía", decía enérgicamente Jesús Silva Herzog ante la Cámara de Diputados, mientras presentaba la Ley de Ingresos correspondientes a 1986. Y en tanto hablaba y hablaba lo miraba fijamente como para creerle. Seguía cada uno de sus movimientos, de sus expresiones. "No hay duda que es el más carismático de todos", pensé. A cada uno de los diputados contestaba con serenidad. "La inflación bajó del 150 al 60 por ciento, lo que significa una diferencia importante y —sin lugar a dudas— un logro de la política" le dijo al diputado del PSUM. "Ay sí, pero a qué costo", exclamé de pronto. En ese preciso momento el secretario levantó la cabeza y me miró fijamente. "¿Qué dijo?", me preguntó. "¿Yo?" Dije incrédula y asombrada. "Sí, sí usted", "¿Me está hablando a mí?". "Sí, usted que lleva horas frente a su televisión". No lo podía creer, me estaba sucediendo lo mismo que a Cecilia (*Mia Farrow*) en la última película de *Woody Allen*, *La Rosa Púrpura del Cairo*. Y así como *Tom Baxter*, decide abandonar la pantalla del cine, vi como Jesús Silva Herzog salía de la imagen de la televisión. "¿Por qué dice eso?", me dijo parándose frente a mí. No lo podía creer. Casi cayéndome me puse inmediatamente de pie. En esos momentos ví en la televisión como todos los diputados se pararon furiosos, y gritaban: "Que no escape. Que regrese. Todavía tenemos muchas cosas que decirle. Esta es la prueba de que prefiere huir, ya que no puede convencernos". "Apague la televisión para que desaparezcan", me sugirió el secretario. "Nooooo, noooooo", exclamaban todos. "Si desaparecemos, se perderá la poca democracia que todavía hay en este país" decían hechos unos energúmenos. "Vámonos entonces, quiero ser libre. Quiero vivir, hacer mis decisiones yo solo. Ya me cansé de estar allí adentro. Enséñeme el mundo real, ya que lo que más nos reprochan es no ser realistas". Seguía sin poderlo creer. Era fascinante y aterrador a la vez. No sabía qué hacer, a dónde llevarlo. "Pero Licenciado, usted tiene que regresar a la cámara de diputados. Esto para su carrera política, puede ser muy perjudicial. Tiene que informar a la ciudadanía sobre la Ley de Ingresos". "Es que ya me cansé. Ya no quiero pedir prestado. Ahora quiero vivir. Vámonos por favor". Se veía tan desesperado el pobre, que terminé por ceder. Rápidamente nos subimos en mi Volkswagen y nos dirigimos hasta el centro. "¿Por qué hay tanto tráfico?" me preguntó intrigado. "Ay licenciado, así es siempre", "¡Qué raro! cuando voy en el coche con mi chofer, siempre llegamos a todos lados muy rápido". "Eso es en su mundo licenciado, pero en el nuestro, sufrimos entre otras muchas cosas, del tráfico", "¿Qué son esas llamaradas de fuego que se ven desde aquí?". "Ay licenciado, son los lanzafuego". "¿Y esas señoras qué venden entre los coches?". "Ay licenciado, son Marías que venden chicles". "Tome 5 pesos pesos para que compre dos cajitas". "Ay licenciado, ahora cuestan 50 pesos cada una". "Pero no entiendo, si nosotros hemos luchado contra la inflación". Después me enteré que los diputados en la Cámara, preguntaban a los televidentes: "¿Alguna noticia del secretario de Hacienda y Crédito Público?" "Además de incongruente, escapista", decía Heberto Castillo. "Claro" gritaba Alcocer del PSUM, su monólogo no convencía a nadie". "¿Todavía no aparece el estudiante reprobado de primer año de Economía?", preguntaba Amezcua del PPS. Algunos de ellos, ya habían sacado la baraja. Muchos, me dijeron, dormían a pierna suelta. Otros, se la pasaban discutiendo entre sí. Los priístas trataban de calmar a los de oposición ; "señores, por favor es necesario que se tranquilicen. El secretario regresará de un momento a otro. Fue a buscar unos papeles", aseguraban. Como no avanzábamos mucho, a causa del tráfico, decidimos entonces tomar el metro. Allí el licenciado no daba crédito a lo que veía. "¿Por qué hay tanta gente?". "Ay licenciado, siempre está igual de lleno; esto es México". "Sí, para nosotros, lo primero es el pueblo". "¿Más que el FMI, más que el GATT y que la FBI y que la Concanaco?". "Así es". Nos bajamos en el Zócalo. "¿Qué hace toda esa gente frente a Catedral?". "Son los desempleados". "Pero, ¿todavía hay desempleados?, si también eso lo hemos controlado". "Esas cosas se dicen en la televisión, cuando van ustedes a la Cámara, pero la realidad es otra licenciado. Estamos en crisis. Cada vez estamos más pobres". Caminando nos fuimos hasta Tepito. "¿Y qué es toda esa gente en la calle viviendo bajo los plásticos?" "Esos son los damnificados del temblor, aún no les resuelven su problema de vivienda". "Pero si hemos dado miles y miles de casas. Además hay muchos albergues que funcionan todavía". Ya no quise contestarle. Así en silencio caminamos un buen rato. Parecía preocupado. Nos regresamos otra vez en el metro. En el camino me miraba a través del vidrio. "Los problemas no los podemos resolver de un día para otro", me comentó mientras transbordábamos. "Tampoco de un sexenio para otro" le dije. Saliendo del metro preguntó por su chofer y sus guaruras, pero le dije que seguramente estaban en San Lázaro. Volvimos a tomar mi Volskswagen y llegamos a la casa. En la televisión los diputados seguían en plena discusión. Cuando nos vieron llegar se callaron todos. "¿Quiere venir conmigo?", me preguntó. "No gracias", le contesté. Entonces de un brinco se introdujo nuevamente en la imagen. Todo el mundo aplaudió. "... los problemas económicos tan graves y delicados que afrontamos no pueden ser resueltos por fórmulas mágicas de medieval alquimia y mucho menos de un día para otro", decía el secretario mirando esta vez directamente hacia los diputados. Ya no quise seguir viendo la televisión. La apagué y me puse a cantar: *"Heaven I'am in heaven La-la-la-la...*

La Jornada, 30 de noviembre de 1985

INDICE

Esta obra terminó de imprimirse
en octubre de 1987
en EDITORIAL ANDRÓMEDA, S. A.
la encuadernación estuvo a cargo de
EDITORA Y ENCUADERNADORA RAF, S. A.
La edición consta de 10 000 ejemplares